Mon père,
cet inconnu cruciverbiste

DU MÊME AUTEUR

Douze écrits
recueil, Le Bateau Livre

Un amour clair obscur
roman, Robert Laffont

C'est sûr la vie sera belle
roman, Robert Laffont

D'errance et de lumière
recueil, Le Bateau Livre

Le Mal d'enfance
récit, Bernard Fixot

Le Petit
récit, Robert Laffont

Les Enfants de la violence
récit, Bernard Fixot

Silence
recueil, La Vague à l'âme

Mourir à dix ans, la tentation du suicide
récit, Bernard Fixot

Nos enfants face à la drogue
récit, Bernard Fixot

Entre larmes et soleil
recueil, Le Bateau Livre

Adrien hors du silence
récit, Presses de la Renaissance

L'Enfant dans les vents du monde
recueil, Budgom Édition

CLAUDE COUDERC

Mon père, cet inconnu cruciverbiste

PRESSES
DE LA
RENAISSANCE

Ouvrage réalisé
sous la direction éditoriale d'Alain Noël

Si vous souhaitez être tenu(e)
au courant de nos publications,
envoyez vos nom et adresse, en citant ce livre,
aux Éditions des Presses de la Renaissance,
12, avenue d'Italie, 75013 Paris.
Et, pour le Canada,
à Vivendi Universal Publishing Services Canada Inc.,
1050, boulevard René-Lévesque Est,
Bureau 100,
H2L 2L6 Montréal, Québec.

Contactez notre site Internet :
www.presses-renaissance.fr

ISBN 2.85616.834.5

À mes enfants,
et à tous les enfants.

Heureux le père qui réapprend
à voir par les yeux de ses enfants.
Henri MILLER

1

« Horizontalement. Reste confus, qu'il tienne la plume ou le pinceau. Verticalement. Du latin qui ne fait pas dans le détail. » Le paternel répète plusieurs fois : « Horizontalement ». Je le regarde, penché sur ses mots croisés. Il a plié en quatre la page du *Midi libre*. Il porte la mine du crayon à la bouche. Il l'humidifie avec un peu de salive. Il fait ça souvent. Je ne sais pas pourquoi. Je l'observe à distance. Je fais semblant d'exécuter mes devoirs sur la table de la cuisine. Lui, il est installé près du fourneau à moitié éteint. Nous sommes samedi. Et le samedi, à la maison, c'est mieux que le dimanche. En général, ce jour-là, le père n'est pas bourré. Il s'économise peut-être pour le lendemain. Il a toute sa tête. Et pas qu'un peu. Pour pratiquer les mots croisés comme lui, il faut être cador. Il paraît que c'est un fameux cruciverbiste. J'adore ce mot, que je prononçais avant sans savoir ce qu'il signifiait. Je le vois toujours en lettres capitales détachées de la façon suivante : CRU-CI-VER-BIS-TE. J'en ai plein la bouche de ce mot. Il claque sous la langue. Il emplit le palais, fait gonfler les joues, glisse dans les narines, résonne dans la cage thoracique et descend dans le ventre : CRU-CI-VER-BIS-TE. Même la nuit, il me réveille. Je le dis à haute voix assis dans mon lit. Mon frangin qui couche avec moi, celui qui pue des pieds, me gueule généralement : « Ça va pas, fada ? Tu nous les brises avec ton cruciverbiste... »

Dans mon *Petit Larousse,* celui que madame B. m'a offert pour ma première communion, tu parles d'un cadeau, j'ai vu qu'ils ne se foulaient pas pour le définir. Ils se sont contentés d'écrire : « Amateur de mots croisés. » C'est vrai, ça, ils auraient pu se gratter un peu plus pour un mot magnifique comme celui-là. En réalité, je suis très content d'avoir ce dictionnaire. Cela me fascine, les dicos. Et pas seulement à cause des pages d'anatomie. D'ailleurs, on n'y voit rien de passionnant.

Il n'y a que des écorchés qui filent la trouille. J'en ai fait un jeu, de mon dictionnaire. Je l'ouvre au hasard et pointe, toujours au pif, mon crayon sur un mot. Je ne suis jamais retombé sur le même et c'est comme ça que j'en connais des tas, complètement nouveaux, que je peux collectionner. La dernière fois, j'ai découvert *subodorer* et *cuistre*. Le premier, ça veut dire *pressentir, douter*. Mais je trouve que ça fait un peu débile de balancer : « Je subodore. » J'ai l'impression que c'est un mot de riche. *Cuistre,* ça signifie *pédant*. Et *pédant,* en gros, c'est faire son mariole, son intéressant, quoi ! C'est comme ça que j'ai traité l'autre soir ce pauvre con de Minardo de cuistre. Il a roulé des yeux comme un fou. À croire qu'il avait entendu la pire des insultes. Mais comme il n'a pas voulu avoir l'air plus idiot que d'habitude, il m'a poussé d'un violent coup d'épaule en me menaçant : « T'as pas intérêt à me le répéter, sinon je t'en fous une. » Moi, ça me faisait marrer qu'il réagisse de cette manière. Alors j'en ai rajouté une couche, car j'avais bien compris qu'il n'avait rien compris. Je l'ai traité de pédant. Et là, il m'a carrément sauté dessus. Il avait compris « pédé ». Je lui ai expliqué un peu plus tard que je m'amusais à découvrir des mots nouveaux. Alors il m'a proposé de faire la même chose. Mais lui, il n'a pas cherché au hasard. Il s'est mis à tourner les pages comme un malade en essayant de trouver tous les mots évoquant le sexe. J'ai eu droit bien sûr à *verge, testicules, vagin*. Il a été furieux de ne pas trouver *branlette* et *enculé*. Il a repris espoir quand il est tombé sur *jouir*. Il s'est mis à lire la définition en ânonnant : « Tirer un vif plaisir de : jouir de sa victoire. Avoir la possession avantageuse de : jouir d'une bonne santé. Atteindre l'orgasme. » « C'est tout ? » qu'il a fait avec une grimace qui témoignait de sa déception. Il a refermé le dictionnaire en jugeant que c'était un dico de merde, nul, incomplet, juste bon pour les gamins, pour les puceaux...

Je lève les yeux discrètement vers le pater. Il mâchouille son crayon, maintenant. Il est très concentré. Il n'entend rien. Il ne voit rien d'autre que sa demi-page quadrillée. Je ne sais pas comment il fait pour trouver toutes ces définitions qui se mélangent les pinceaux. D'où lui vient cette intelligence ? Jusqu'à quel âge tu as été à l'école, papa ? En tout cas, j'en suis sûr, tu étais forcément premier de ta classe. Pourquoi alors t'es pas un vrai pharmacien ? Pourquoi elle n'est pas à nous, la pharmacie ? D'où viens-tu, papa ? Qui es-tu ? En tout cas, moi, plus tard, je serai aussi un très grand CRU-CI-VER-BIS-TE...

2

Nous habitons la villa « Les Mimosas » depuis cinq ans. Elle abrite plusieurs locataires. Du chèvrefeuille, de la vigne vierge courent sur un auvent métallique au-dessous de balcons à l'italienne couverts de géraniums écarlates. De loin, elle est presque somptueuse, cette villa. En s'approchant, on voit bien qu'on a oublié de la restaurer depuis longtemps. Elle est dépourvue de tout confort. Il n'y a pas l'eau courante et il faut aller jusqu'au puits sous un porche à courant d'air, qui file la trouille le soir, surtout en plein hiver, quand mon père me commande d'aller puiser deux brocs de flotte. Les toilettes, ou plus précisément les cabinets, se trouvent dans un petit cabanon posé au-dessus d'une fosse septique en plein milieu de la cour, au vu et au su de tous les habitants. On doit déployer des ruses de Sioux pour rejoindre l'endroit le plus discrètement possible lors d'une envie pressante. Chacun s'y glisse avec son propre rouleau de papier hygiénique. À défaut de disposer de ce soyeux présent, l'usager est contraint de recourir aux pages colorées de *Nous Deux* ou *Confidences*, les romans-photos qui font fureur, ou celles, plus rugueuses encore, des grands hebdos de faits divers, *Détective* et *Radar*. Les plus démunis se contentent de laisser de longues empreintes de doigts, en formes d'épaisses virgules, sur les murs du cabanon. Je n'ai jamais pu identifier ces gros dégueulasses.

« Les Mimosas » sont partagés en quatre appartements. Ils sont occupés par des locataires folklo. Il y a la famille C. Le père, grand gueulard, distribue régulièrement torgnoles et coups de pied au cul à sa femme et à ses enfants. Il provoque également le voisinage en gueulant sur le palier de tonitruants : « Il ne sortira pas, ce con... » adressés au premier venu. La famille de Vivi, mon amoureuse, est plus discrète. Mais chacun sait que son pauvre papa est plus cocu que le chef de gare. Il y a aussi la mère Contini, avec ses nichons de cirque. Elle sent le parfum bon marché et l'eau de Javel. Elle passe son temps à tenter de faire disparaître les odeurs de pisse de chat dans la cage d'escalier. Elle a toujours une serpillière et un seau à la main. Je la fuis comme la peste. Je suis son petit préféré et, quand je ne réussis pas à lui échapper, elle me serre très fort entre ses gros seins où j'étouffe. Elle me délivre de son étreinte en m'entraînant chez elle pour me gaver de pâtisseries lourdes, dégoulinantes de crème, qu'elle fait elle-même. Elle dit sans cesse à ma mère : « Il est si mignon, votre petit... » Le petit n'a qu'une hâte : se barrer, retrouver ses copains.

Autre famille pittoresque à la villa « Les Mimosas » : la nôtre. Elle ne manque pas de signes particuliers. Premier signe particulier : le père. Préparateur en pharmacie et en produits illicites, avec un penchant certain pour la bouteille. Deuxième signe particulier : la mère. Femme de ménage, mère poule, elle a tendance à abuser du crédit chez les épiciers et autres charcutiers du coin. Elle dit toujours : « Je n'arrive pas à joindre les deux bouts. » Et moi, je me demande tout le temps quels bouts elle cherche à joindre. Je l'aime, cette mamoune. Elle sent bon la lavande et comme je suis le dernier, je suis sa perle. J'ai toujours peur qu'elle m'appelle ainsi devant les copains. Autre signe particulier : onze enfants consignés sur le livret de famille. En réalité, nous sommes douze. Il y en a un qui ne figure pas officiellement. C'est un mystère que je n'ai pas encore élucidé. Sous le toit familial, au début des années soixante, il n'y a plus que six enfants. Le fils aîné est resté aux colonies après la fin de la guerre d'Indochine ; le deuxième est dans le Sahara, il travaille dans le pétrole ; une des grandes sœurs est infirmière en Algérie. Le plus jeune fait son service militaire dans les parachutistes, un autre est apprenti coiffeur. Il y a encore une sœur qui voudrait faire Pigier pour devenir secrétaire. Il en manque à l'appel, mais il faut bien reconnaître qu'il y a de quoi s'y perdre, dans cette famille. Nous ne disposons que de trois pièces dans cette maison. Ma plus jeune sœur couche dans la chambre des parents. Elle doit souvent se boucher les oreilles pour ne pas entendre les disputes et les réconciliations. La cuisine sert à la fois de salle à manger et de salle de bains. En fait de salle de bains, il s'agit d'un évier, sans robinet puisqu'on va chercher l'eau au puits, et d'un grand baquet dans lequel je me glisse jusqu'aux genoux les jours de grande toilette.

Comme il n'y a pas de porte entre la chambre des parents et cette cuisine, on met une chaise dans le passage pour indiquer qu'il ne faut pas entrer. Pour avoir de l'eau chaude, il faut la faire chauffer sur le fourneau à deux feux qui fonctionne hiver comme été, car on n'a pas non plus le gaz pour faire la bouffe. Les garçons s'entassent dans une chambre à trois lits. On couche tête-bêche. Le frangin qui partage le même lit que moi renifle des pinceaux. Je ne suis pas souvent à la maison, faute de place. Je ne sais jamais où me mettre. Et je n'ai qu'une envie : courir par monts et par vaux dans les vignes ou la garrigue avec ma bande de copains. Avec eux, je me dédouble. Je suis comme un Zorro à l'envers. De gentil garçon, je me transforme en méchant. Près des miens, de ma famille, des voisins, j'endosse mes habits de petit garçon bien comme il faut. Dès que je retrouve la bande, je reprends ma place de meneur, au langage de charretier. Je fume des P4, des cigarettes qu'on dirait du foin, mais elles ne sont pas chères. Le dimanche, jour de la paie, jour de l'argent de poche, jour où je mets une chemise blanche qui sent le propre, je m'offre des Pall Mall. Je crapote ces longues cigarettes qui font très chic.

Mais ce que j'aime par-dessus tout, c'est

retrouver Vivi. Avec elle, j'ai l'impression d'être plus vieux. Parfois, je lui parle comme Eddie Constantine ou Jean Gabin. Généralement, je la retrouve le jeudi matin. On n'a pas école ce jour-là. Je guette le départ de ses parents pour le boulot et je vais chez elle. Je me glisse dans son lit. Souvent, elle fait semblant de dormir. Sa peau est toute chaude de la nuit. Elle sent même bon de la bouche. C'est plutôt rare quand on se réveille. Je la soupçonne de mâchonner un Hollywood avant que je me pointe. Je me fous presque à poil contre elle. Je garde mon slip kangourou. En principe, il me fait toute la semaine. Je le change justement le jeudi. La semaine dernière, j'en avais pas de propre. J'étais furieux. J'avais la honte. Je me suis dit : « Tu ne peux pas te fourrer dans le lit de Vivi avec une pareille serpillière. » Il n'y avait pas que des traces jaunes dans ce slip. J'en ai piqué un à un de mes frangins. J'étais ridicule. Je flottais à l'intérieur. Il m'arrivait au-dessus du nombril. Une vraie barboteuse. Vivi n'a rien vu. Sauf qu'elle a senti que mon oiseau avait tendance à s'échapper plus facilement et à se glisser contre son ventre.

J'adore son ventre. Il est doux. Il me donne envie de pleurer. Si les parents savaient qu'on se retrouve tous les jeudis matin au lit, ils nous tueraient.

3

Cette cage d'escalier, elle pue la pisse de chat, l'encaustique et le vieux. Pour les enfants, les vieux, c'est connu, ça sent toujours une odeur forte, ou alors ça renifle le rance, le renfermé. Ils ne se lavent pas assez. Ils ne prennent jamais de douche. C'est dingue de ne pas prendre de douche !

Tout se barre dans cette maison pourrie. Les marches en bois sont pleines d'écailles et entre deux, les carreaux se font la malle. Les murs, il y a longtemps qu'ils n'ont plus de couleur. Ils ont une maladie de peau. La peinture s'effrite. Dans certains immeubles du quartier, il paraît que des mômes la bouffent, cette peinture. Ils piquent une maladie qu'on appelle le saturnisme. On ne se croirait pas à notre époque. Ici, c'est l'odyssée de la déglingue et de la crasse. C'est pour toutes ces raisons que je n'ai pas voulu faire venir mes copains pour mon anniversaire. En plus, ils croient tous que j'ai 14 ans. En réalité, je n'en ai que 12. Mais je fais plus vieux que mon âge. Je n'ai jamais pu me faire à l'idée d'être un enfant. Dès la maternelle, je me sentais plus âgé. À 4 ans, j'en ai un souvenir très précis, je pratiquais des jeux réservés aux plus grands. Je me planquais avec deux gamines derrière un banc accolé au renfoncement de la porte de la cantine et je me livrais avec délice à la découverte de leur intimité. Ces deux premières petites fentes que j'ai embrassées avec avidité, je ne les oublierai jamais. Je ne sais plus si mes petites camarades de jeu ont eu le privilège de découvrir mon oiseau.

Plus tard, quand j'ai rencontré Vivi, à la villa « Les Mimosas », et comme elle était assez délurée pour ses 11 ans, nous nous sommes vite retrouvés à poil tous les deux. Je n'étais pas dépaysé. On se serrait très fort l'un contre l'autre, mais sans mettre mon oiseau dans sa petite cage. J'avais trop la trouille qu'elle tombe enceinte. Elle commençait à être formée du côté des seins. Ils étaient gros comme deux demi-balles de ping-pong. Vivi me disait sans cesse avec un air plein de mystère : « Je vais bientôt les avoir... » Je me demandais ce qu'elle allait avoir. Elle avait fini par me préciser ce qu'elle attendait d'un jour à l'autre : son sang ! Je ne comprenais toujours pas en lui rappelant que tout le monde avait du sang. Pourquoi pas elle ? Elle m'avait expliqué enfin : « J'attends mes périodes, mes règles, grand fada... » Devant mon air idiot d'enfant de la fin des années cinquante, elle avait ajouté, franchement agacée : « Les règles, ça veut dire qu'on devient une femme, qu'on peut avoir un enfant... » Qu'elle puisse avoir un enfant, soit, cela ne m'étonnait qu'à moitié, mais qu'elle prétende devenir comme ça, du jour au lendemain, une femme, je ne pouvais l'admettre et je la traitais de folle. Et puis, deux ans plus tard, elle m'avait confié, un beau soir, près du pont des crapauds sous un concert de croassements, l'air triomphant :

« Ça y est ! Je les ai mes machins...

– Quels machins ? avais-je demandé, encore plus sot que d'habitude.

– Mes règles, couillon de la lune... »

Et puis, rêveuse, elle avait ajouté en regardant le ciel étoilé et en prenant les grillons à témoin :

« Dire que je vais mettre des serviettes hygiéniques, comme ma mère, comme toutes les femmes. Ça t'en bouche un coin, hein, fada ? »

Et là, je n'ai plus osé m'étonner, poser des questions. J'étais désormais devant une vraie femme de 13 ans et j'en tremblais presque tant j'étais impressionné. C'est alors que Vivi a pris sur elle de combler une fois de plus mes lacunes :

« Les serviettes, c'est comme des

couches de bébé en éponge et ça retient le sang. »

Je déclarai forfait. Je ne comprenais plus rien. Comment pouvait-elle devenir une femme et mettre des couches de bébé ?

4

Je n'oserai jamais lui dire : « Papa, arrête de picoler ! » D'ailleurs, j'ai jamais le courage de lui parler, à mon père. Il me fout la trouille, c'est comme ça. Pourtant, il ne m'a jamais touché. Je n'ai pas le souvenir de la moindre fessée, de la moindre claque. Je ne l'ai jamais entendu lever la voix sur moi. J'ai du pot, d'une certaine manière, car chez les voisins, ça ne rigole pas côté éducation. Les copains se ramassent de sacrées tannées. Leurs parents ont connu les privations pendant l'Occupation et ils estiment aujourd'hui que leurs mômes ont sacrément de la chance. À les entendre, on est tous « pourris-gâtés ».

Donc, on n'a pas intérêt à se plaindre. C'est pas toujours simple d'être un enfant d'après guerre... Le paternel, il sait bien qu'il n'a pas à me botter le cul. Il suffit qu'il me regarde de ses yeux clairs, vitreux, des yeux de serpent, et je file droit. En réalité, il ne me parle pas vraiment. Il me commande simplement : « Petit, va chercher de l'eau au puits... » ou « Tu passeras à la pharmacie chercher des biscuits vitaminés... » Je déteste « passer » à la pharmacie, où il officie en sous-sol comme préparateur. Le personnel me regarde toujours étrangement avec des petits sourires forcés, pleins de compassion. Les gens se disent dans leurs têtes : « Tiens, voici le petit pauvre qui vient au ravitaillement... » Je fais le passeur, ou le voleur si on préfère. Mon père me glisse dans un sac quelques paquets de ces biscuits qui sont de véritables étouffe-chrétiens et qui prennent de la place dans l'estomac pour couper la faim. Mais avant, ils se transforment dans la bouche en une pâte épaisse, dégueulasse, et écœurent même les pauvres que nous sommes. Quand je sors, tout le monde sait ce qu'il y a dans mon sac, mais on ne me dit rien. Et moi, je sais bien que tout le monde sait. J'ai honte. J'ai envie de m'enfuir en courant.

Le pater, lui, c'est plus discrètement qu'il pique des fioles d'alcool. Elles lui servent à fabriquer son pastis. Le dimanche matin, je le regarde faire dans l'évier de la cuisine. On dirait un vrai savant au milieu de bocaux, de pipettes et de cornues. Là, je dois reconnaître que je l'admire un peu. Je suis fier de lui quand je le vois avec sa blouse blanche, son air sérieux de grand chercheur comme ceux qui passent aux actualités Gaumont. Je l'admire un peu moins quelques heures plus tard, quand il a fini de préparer, de goûter sa mixture verdâtre. Son pastis lui monte vite à la tête et il commence sérieusement à bafouiller et à se mélanger les pinceaux. Je retrouve son regard de serpent et je dégage vite avant que ça tourne mal. C'est pourtant le seul moment où je suis près de lui. Je lui passe un torchon ou un entonnoir. Il y a comme une complicité entre nous. J'ai l'impression d'être son assistant, mais après, quand il est bourré en fin de matinée, je ne suis pas très fier de moi. Je me dis que je l'aide à devenir alcoolique et que je le tue à petit feu. Je suis comme le fils de la reine, la Borgia. J'empoisonne mon père à petites doses régulières pour qu'il débarrasse le plancher et qu'il ne fasse plus pleurer ma mère.

Il n'y a pas que mamoune qu'il fait chialer. Je ne sais pas ce qui l'a rendu méchant comme une teigne. Une fois, il paraît qu'il a dit à ma sœur aînée : « Tu es assez grande pour aller gagner ta vie avec ton cul. » J'ai un autre frère, celui qui est dans les pétroles, il n'a jamais pu le sentir. C'est le seul, je crois, qui a reçu des raclées pour un oui ou pour un non. Aussi, le frangin, il le hait, le pater, et il ne versera pas une larme s'il clapote. Moi, j'arrive pas à le détester vraiment. Il m'impressionne, mais j'ai toujours envie de me foutre dans ses pattes. Lui, il se tient à distance. Il ne me voit pas. M'a-t-il déjà embrassé ? tenu dans ses bras ? pris sur ses genoux ? Je n'en ai aucun souvenir. J'ai beau jouer les cadors, les plus grands que mon âge, faire des trucs avec Vivi, ça me file quand même les larmes aux yeux de pas exister pour mon père. Pourquoi m'ignore-t-il ? Tout le monde dit que je suis mignon. Pourquoi il ne le remarque pas, lui ? Je ne me vois pas lui demander : « Pourquoi tu ne m'embrasses jamais, papa ? Pourquoi tu ne m'aimes pas ? »

5

« Alors, tu ne te déshabilles pas ?
– Minute papillon, il n'y a pas le feu. »

Elle m'énerve aujourd'hui, Vivi. J'ai tout fait pour tenter de dissuader la bande d'aller à la mer. À vélo en plus. Dix bornes sous le cagnard.

J'ai d'abord ronchonné en disant : « Il est pourri, mon biclou. » Vivi m'a répondu : « Tu n'as qu'à piquer celui de ton père. » Et moi de répliquer : « Il en a toujours besoin, de son vélo... » Vivi a fait un sale petit sourire en ajoutant : « Il ferait bien de ne pas s'en servir quelquefois... » J'ai pas trop aimé l'allusion. Si Minardo avait dit ça, je lui aurais cassé la tête. J'ai répondu tout simplement : « Moi aussi je pourrais en dire des choses désagréables sur ton père. » En vrai, je n'aurais jamais osé lui répéter que c'était le roi des cocus... Vivi m'a proposé de me prêter la bécane de sa sœur. J'ai encore rechigné « C'est un vélo de fille, je vais avoir l'air malin... » À bout d'arguments, j'ai fini par me joindre à la bande, d'autant que Vivi m'a fait comprendre que si je ne venais pas, je ne me retrouverais pas dans son lit jeudi prochain. Je dois reconnaître que c'était plutôt sympa de pédaler sur cette route ombragée qui conduit à Palavas-les-Flots. On roulait sous une voûte de branches et de feuilles de platanes, accompagnés par le chant des cigales et les odeurs fortes de marc de raisin et de thym. Nous avons fait une halte devant la gare de Lattes, capitale des moustiques. Nous avons bu du coco que Vivi avait dilué dans une gourde métallique qui appartenait à son père quand il était scout. Je me suis dit, je ne sais pas pourquoi : « J'espère que tous les scouts devenus adultes ne sont pas cocus. » On est repartis. Je ne me suis pas pressé. J'étais en queue du peloton. Ce grand con de Minardo fonçait en tête comme s'il voulait gagner une étape du Tour de France. Vivi a fini par mettre pied à terre pour m'attendre. Évidemment, elle s'est foutue de moi : « T'es une vraie tortue... » Je lui ai répondu : « Je préfère être derrière toi, c'est plus joli à regarder... » Elle m'a traité de cochon avec un gentil sourire. Et elle est repartie en danseuse sur sa bécane. Il est vrai que j'avais tendance à mater ses jolies petites fesses prises dans un short délicieusement trop petit.

Nous sommes sur la plage. Il n'y a pas grand monde. Tant mieux. Vivi porte un bikini en vichy rouge et blanc qui cache à peine sa petite fente. Et ce gros porc de Minardo ne cesse de la reluquer. Je vais finir par lui foutre un pain. Lui, cette andouille, il porte un maillot léopard à la Tarzan et depuis cinq minutes il pousse des cris sur un rocher comme s'il voulait ameuter toute la jungle. Il se tourne vers moi et gueule : « Allez, Cheeta, viens te baigner... » S'il me traite comme une guenon, il va vraiment se le prendre, ce pain, ce Tarzan de mes couilles... Il n'est peut-être pas terrible le Minardo avec son maillot de bain, mais moi, je crains d'être pire encore. C'est ce qui explique depuis le début ma mauvaise humeur et mon refus d'aller à la mer. Le mien est en grosse laine marron en forme de pas de forme. Et quand il est mouillé, il pèse deux tonnes et il faut le retenir à deux mains pour éviter qu'il ne tombe sur les chevilles. Plus moche, ça n'existe pas. Je ne sais d'où il sort et qui a pu tricoter un truc pareil. Je me pose sur une serviette, prétexte soudain un violent mal de tête et rappelle qu'il faut attendre quatre heures, la fin de la digestion.

« C'est des histoires, ça ! » affirme Vivi. Je réplique, boudeur : « C'est ça, tu veux que je m'hydrocutionne... » Elle reprend : « Je te ferai du bouche-à-bouche avec la langue, si tu veux... »

Elle défait les boutons de ma chemisette au col élimé. Mes deux frères au-dessus de moi l'ont déjà portée. Puis elle tire sur mon short. Je me dis qu'elle va s'esclaffer quand elle va découvrir ce pull-over pour chien qui me sert de maillot. Comme il est trop grand, on peut également me voir les couilles. Je suis étonné quand elle découvre ce chiffon de laine. Elle n'éclate pas de rire. Elle me fait un pauvre sourire désolé. J'aurais peut-être préféré qu'elle explose. Elle me pose un bécot vite fait sur les lèvres et m'entraîne en courant vers la mer. Tarzan pousse un dernier cri, se casse la gueule en faisant un plat terrible dans l'eau. On pouffe, Vivi et moi. Je pense que j'ai vraiment raison de l'aimer, mais je me dis aussi que j'en ai marre d'être pauvre.

6

« Mamoune, ne pleure pas... »

Elle est effondrée. Les mains posées à plat sur la toile cirée de la table de la cuisine, elle regarde son porte-monnaie désespérément vide. Sur le fourneau, à côté, traîne une poêle avec une petite noix de margarine sur le rebord. Il n'y a rien à faire cuire dans cette poêle. Dans mon ventre, ça gargouille vachement. J'ai faim, mais je sais que je peux tenir. Et puis moi, je suis comme les petits gitans, je peux me nourrir de fruits piqués dans les jardins voisins et d'œufs dérobés dans le poulailler du père Sagnier. Je les gobe en faisant un petit trou avec une épingle. Ils sont souvent encore chauds.

Mamoune se lamente : « Je n'ai rien à donner à manger aux grands. Ils ne peuvent pas aller travailler sans rien dans l'estomac, tout de même... » Je me penche sur son épaule et répète : « Ne pleure pas. J'irai tout à l'heure faire les courses. Il nous fera bien encore un peu crédit, l'autre. J'attends qu'il n'y ait plus personne à l'épicerie. J'irai juste avant la fermeture... » L'autre jour, cet enfoiré d'épicier m'a pris brutalement des mains le billet sur lequel mamoune avait écrit : « Si possible pouvez-vous donner au petit 1 kilo de pommes de terre nouvelles, 1 litre d'huile et 6 côtes de porc. Je vous réglerai la note le 10 du mois prochain, quand j'aurai touché le mandat des allocations familiales. » Devant tout le monde, il m'a filé la honte en me disant avec sa mauvaise haleine : « Elle exagère, ta mère. Elle ne m'a pas payé le mois dernier. La note est déjà salée. Je lui ai dit que je ne lui ferais plus crédit... »

Je ne savais plus où me mettre. Les clientes me regardaient comme un Martien. Moi, j'avais des envies de meurtre. Je me suis juré que, plus tard, quand je serais un grand bandit, je viendrais le braquer, cette raclure d'épicier. En attendant, j'envisageais de lui foutre en l'air tout son étalage de fruits et légumes. Il m'a rendu le billet de mamoune avec un air méchant. Je me suis demandé si je n'allais pas le fouetter avec mon filet à provisions sans provision. Au moment où j'allais me barrer, il m'a lancé : « Ne reste pas là, dans mes pattes. Mets-toi sur le côté. Fais la queue comme tout le monde... »

Il a servi deux vieilles moches qui me regardaient comme si elles avaient vu le diable ; il est repassé devant moi en me donnant un coup de coude et en grommelant : « Si c'est pas malheureux de voir ça... » J'ai pas su s'il parlait de moi ou des deux vieilles. J'ai fait surtout celui qui n'entendait pas, qui ne comprenait pas. Je me demandais encore s'il me faisait lambiner exprès ou s'il allait nous l'accorder, ce crédit. Ensuite, il a dit très clairement en se tournant vers moi : « Pauvre femme, elle est bien courageuse, ta mère, mon petit. C'est une sainte femme. » Puis, comme s'il avait appris par cœur ma liste des commissions, il s'est mis à chantonner sur un air italien : « 6 côtelettes... 1 kilo de pommes de terre... »

Il m'a servi à toute vitesse, comme s'il craignait d'être surpris. Avant que je sorte, il m'a mis en garde en fronçant les sourcils, mais un peu d'une manière exagérée : « Tu diras à ta mère que je le marque, mais c'est la dernière fois pour le mois... » J'ai fait un signe affirmatif de la tête. À peine sur le trottoir, il m'a lancé : « Tiens, attrape, c'est pour toi... » J'ai saisi au vol une barre de chocolat Poulain, mon préféré. Dans la rue, j'ai fini par trouver qu'il n'était pas si con que ça, cet épicier. Mais j'avais honte. J'ai toujours honte de notre misère. Je me suis grouillé de rapporter les commissions à la maison, en rasant les murs comme un voleur et en me jurant que je n'irais jamais plus faire les courses à crédit.

« Ne pleure plus, mamoune, ne t'en fais pas, j'y retournerai tout à l'heure chez l'épicier... »

7

Le père. D'où vient-il ? Qui est-il ? D'où sort-il ? Voilà plus de dix ans que je vis à ses côtés et je ne le connais pas. Je ne sais même pas où il est né. Je n'ai jamais entendu parler de mes grands-parents paternels. Mamoune est originaire des Pyrénées. Elle est issue, comme elle dit, d'une grande famille bourgeoise. Elle a reçu une éducation plutôt stricte et protégée. Sa mère, je l'ai vue une fois. Grande dame sèche, habillée de noir, elle ne s'est jamais vraiment remise de la mort de son mari, inventeur, d'après ce qu'on dit dans la famille, de l'échelle à coulisse. Mamoune, jeune fille bien comme il faut, plutôt jolie, réservée, naïve même, a été séduite par mon tombeur de père dans un salon de thé. Il lui a fait très vite deux ou trois gosses en oubliant de lui dire qu'il était déjà marié. Il a fini par divorcer, mais ma mère a été quasiment reniée par sa famille pour avoir épousé un pareil ostrogoth. Ce touche-à-tout a été successivement représentant de commerce, régisseur de théâtre, gérant de pharmacie à Casablanca, flambeur de casino et, pour finir, préparateur dans les sous-sols de la plus grande pharmacie de Montpellier.

J'aurais bien aimé connaître mes grands-parents paternels. Où vivaient-ils ? À quoi ressemblait-il, le grand-père ? Était-il sec comme un haricot vert ? ventru ? barbu ? Il a peut-être cassé sa pipe pendant la guerre de 14. Et la grand-mère, comment était-elle ? Il faut que j'éclaircisse ce mystère. Il faut que je trouve l'occasion d'interroger mon père sur ses origines. Et lui, comment l'imaginer enfant ? Il n'a pas dû être bien sage, pour faire tant de conneries maintenant qu'il est adulte. On a dû lui serrer la vis un peu trop et il s'est rattrapé en vieillissant. Je ne parviens pas à imaginer le pater à mon âge. Je ne le vois pas comme moi, plonger tous les jeudis dans le lit d'une Vivi. En réalité, je crois qu'il devait avoir une tête de premier de la classe. Aujourd'hui, avec ses petites lunettes rondes posées sur son grand nez à la Cyrano, il a l'air très sérieux. Il est toujours impeccable sur lui. Pli du pantalon parfait. Chaussures soigneusement cirées. Veste nickel. Chemise lavée à l'Omo. Nœud de cravate imposant. Il a l'air d'un notaire, le paternel. Même complètement bourré, il reste digne. Droit comme un I majuscule. Un rien méprisant et jurant ses grands dieux à ma mère qu'il n'a rien bu. Quand il rentre ainsi sur les coups de 20 h 30, il faut que la mamoune l'aide à monter les escaliers. C'est une épreuve qui ressemble pour lui à l'ascension de l'Annapurna. Bien que souvent parfumé au pastis, il nie fermement son alcoolisme. Moi aussi. Je ne veux pas reconnaître qu'il est sérieusement porté sur la bouteille. Et que les copains ne s'avisent pas de me dire : « Qu'est-ce qu'il picole, ton père... » Une fois, ce grand con de Minardo m'a balancé : « Ton vieux, c'est une vraie éponge... » Il s'en souvient encore, le Minardo. Je l'aurais tué, cet emplâtre. Je me suis jeté sur lui et il a fallu m'arracher des mains la serpette avec laquelle je m'apprêtais à le coiffer très court. Je tolère à peine que l'on me fasse remarquer que mon père a l'air fatigué quand il rentre légèrement vacillant en posant une main sur les murs pour ne pas se casser la gueule. Généralement, je quitte les copains et, mine de rien, je l'aide à avancer, le paternel, et à garder un peu de sa dignité. Il pose discrètement sa main sur mon épaule et je lui sers de canne.

Nous marchons en silence, presque complices. C'est le seul moment où nous avons tous les deux un vrai contact que je trouve presque affectueux. C'est normal que je l'aide, puisqu'il est fatigué...

8

Je suis un menteur. Mais je ne le fais pas exprès. Je mens par omission et aussi parce que les gens m'y obligent. À la dernière rentrée scolaire, quand on m'a demandé la profession des parents, j'ai dit que ma mère ne travaillait pas. Je n'osais pas avouer qu'elle était femme de ménage. Et quand on m'a demandé la profession du père, j'ai bafouillé : « Préparateur en pharmacie. » Le maître a compris pharmacien et toute la classe également. Un couillon m'a balancé : « T'es pas très bien sapé pour un fils de pharmacien. » Un autre m'a vu sortir de la pharmacie un jour où je venais chercher les biscuits vitaminés. Il s'est exclamé :

« Putain, con, elle est vachement grande la pharmacie de ton père... T'es plein de pognon, toi, hein ? » Alors parfois, à l'école, je me crois obligé de parler bien comme il faut, de m'appliquer et d'être un bon élève. Forcément, un fils de pharmacien, c'est dans les premiers de la classe. Mais dans la cour, quand on joue au foot avec une balle fabriquée avec du chiffon et du papier scotché, je me laisse aller et je retrouve mon langage habituel de charretier. Pas plus tard qu'hier matin, j'ai traité Costabloz de fils de pute. Manque de pot, le maître était juste derrière moi. Il m'a chopé par l'oreille et m'a dit : « Tu crois qu'il aimerait t'entendre parler comme ça, ton père ? Un de ces jours, je vais m'arrêter à la pharmacie et je vais lui expliquer comment tu t'exprimes ici. »

La catastrophe, je l'ai frôlée l'autre fois avec Pauline. C'est la fille du bureau de tabac de la place Saint-François. Elle est plutôt sympa avec moi. Je l'ai connue devant la porte du patronage, où elle discutait avec une bande de copines. Je n'y vais pas souvent, au patro, depuis qu'on a décidé que je ne ferais pas ma communion solennelle ; ça coûte trop cher. J'ai juste fait la privée, la première communion. C'est suffisant pour communier, pour raconter des conneries au curé et pour être pardonné après avoir récité deux ou trois actes de contrition. Quand je me retrouve là-bas, c'est surtout pour voir les filles. Les copains disent tous que les filles du patro, comme elles sont toujours au caté et très tenues par leurs parents, ce sont les plus chaudes, les plus salopes. La première fois que je l'ai vue, Pauline, cela a fait « tilt » immédiatement. On s'est vite retrouvés sous un porche à se rouler des pelles d'enfer en mettant beaucoup de salive. J'ai été impressionné par la longueur de sa langue qui allait dans tous les coins de ma bouche. Je reconnais que c'était vachement agréable. Presque aussi bon qu'avec Vivi. Elle s'est laissé caresser sans faire d'histoires et j'ai gardé un long moment l'odeur de sa fente au bout des doigts. Si Vivi savait ce qui s'est passé avec Pauline, elle m'arracherait les yeux. Alors, l'autre jour, Pauline m'a proposé de faire un bout de chemin avec elle. Elle m'a dit avec un drôle d'air : « Je t'accompagne chez toi... » J'ai tenté de l'en dissuader : « C'est plutôt les garçons qui raccompagnent les filles, d'habitude... » Je ne pouvais pas le lui refuser, car quelques minutes plus tôt elle n'avait pas refusé ma main dans sa culotte. Je ne voulais pas lui montrer, évidemment, le taudis où j'habitais. J'ai tenté un dernier argument : « Je crèche à la cité Mion, c'est loin. » C'est la cité des riches, le quartier chic, pas très loin de la villa « Les Mimosas ». Je l'appelle en général la cité Million. C'est là que mamoune fait des ménages, chez madame B. Je me suis dit que j'allais faire croire à Pauline que la maison de madame B., c'était la mienne. Quand on est arrivés devant la grille, je me suis arrêté et j'ai sonné. « Tu n'as pas ta clé ? » m'a demandé l'autre pot de colle J'ai répondu : « Je ne la prends jamais pour éviter de la perdre. » Madame B. est apparue au premier étage. Je lui ai fait un signe de la main et j'ai lancé avec un beau sourire et une belle assurance : « J'arrive, maman ! » Je me suis vite excusé auprès de Pauline : « Je ne te propose pas de monter, je suis en retard. Une autre fois, peut-être... » Madame B. s'est exclamée : « C'est gentil de m'appeler maman... » Je ne sais pas si elle avait bien compris l'entourloupe. Elle était heureuse que je l'appelle comme ça, car elle n'a jamais pu avoir d'enfant.

Mais il y a eu un hic dans l'affaire. Quelques jours plus tard, j'ai rencontré Pauline dans la rue. Et cette fois, j'étais avec ma vraie mère qui me tenait par la main. Je lui ai expliqué que j'étais avec la femme de ménage. Elle m'a fait remarquer : « Et elle te tient la main comme un bébé, ta femme de ménage ? » Je n'ai pas répondu. Je n'étais pas fier d'avoir renié ma mère...

9

Nous sommes le 10 du mois. C'est jour de fête. Jour du paiement des allocations familiales. Dès 9 heures, mamoune fait le guet à la fenêtre. Les alloc' arrivent toujours par la poste. Et généralement, le facteur passe vers 11 heures. Comme d'habitude, elle signera le récépissé en proposant un café au postier. Il refusera pour cause de retard dans sa tournée. Il se sait attendu par d'autres familles. Il ne veut pas qu'elles s'impatientent. Après avoir recompté plusieurs fois les billets, mamoune me propose toujours de l'accompagner pour aller faire les courses. C'est aussi le grand jour où elle paye le crédit. Elle dira une fois de plus : « Les dettes sont à zéro. » Et moi je penserai : « Pas pour longtemps... » Le 10 du mois, on ressemble à tout le monde. C'est vachement agréable de ressembler à tout le monde. Je fais même le fier. On paie comptant. On prend son temps. On a le droit de toucher à tous les produits. On soupèse. On déchiffre. On évalue. On demande si c'est bien frais. Quand on vient à crédit, il nous viendrait pas à l'idée d'interroger l'épicier sur la fraîcheur de ses fromages ou de ses légumes. J'ai systématiquement droit à une poignée de caramels gagnants. L'autre fois, sur dix achetés, j'en ai eu vingt gratos. L'épicier s'est exclamé : « Toi, tu as une chance de cocu... » C'était pas bien malin de dire ça. La mère de Vivi faisait justement ses commissions. Elle a bien entendu la réflexion, mais elle n'a pas réagi. Mamoune ne déteste pas bavarder avec les voisines. Je l'entends dire à la mère Machin aux gros nichons : « Moi, je ne me mêle pas de ces histoires. Bonjour à tout le monde, chacun chez soi et tout va pour le mieux... » Et l'autre commère poursuit en cherchant l'approbation des autres pipelettes : « Vous n'allez pas me dire, quand même, que c'est des choses qui se font... C'est à peine si elle attend que son mari soit au travail. À peine parti, l'autre, son amant, se ramène. Et lui, il ne prend même pas la peine de garer sa camionnette à distance. Il vient se mettre juste sous ses fenêtres... » Elle plonge sa main boudinée dans un grand sac de pommes de terre, souffle comme un hippopotame, se relève, attend un instant des réactions qui ne viennent pas et reprend : « Cette garce a le feu au cul... » Je comprends une fois de plus que la garce dont parle Gros-Nichons, c'est bien sûr la mère de Vivi, et ça me fout le feu aux joues qu'on parle comme ça de la mater de mon amoureuse. Et j'entends l'autre moulin à paroles qui continue : « Elle ferait bien aussi de surveiller ses filles. L'aînée a déjà un drôle de genre, elle marque mal. Faut voir comment elle se maquille, un vrai tableau. » Elle marque un temps. Je jurerais qu'elle me jette un coup d'œil et que c'est à moi maintenant qu'elle s'adresse. Elle dit : « Et je ne donne pas cher de l'avenir de la pitchoune... À voir leur mère faire la putain, elles ont toutes les chances de finir sur le trottoir. »

Cette fois, j'explose. Je me précipite tête baissée vers la langue de vipère en cassant au passage deux bouteilles de lait. Une énorme flaque blanche se forme sur le carrelage. L'épicier hurle : « Il est fada, ce gosse ! » Je me retrouve nez à nez avec la commère. Je devrais plutôt dire que je me retrouve nez à nichons, et je gueule à mon tour : « Sac à viande, avec votre gros cul vous ne risquez pas d'en avoir, vous, des amants... » Elle est écarlate, la vieille. Elle va s'étouffer. Mamoune ne sait plus où se mettre, que dire. Son petit lui fait la honte de sa vie. Le balai à la main, l'épicier bougonne : « Il n'a pas tort, le gamin. Il faudrait me payer pour coucher avec cette truie... Avec l'autre, par contre, je ne me ferais pas prier. » En rentrant à la maison, j'ai bien senti que mamoune se forçait à me faire la leçon. Elle m'a dit en tentant de prendre un air sévère : « Ne parle jamais plus comme ça ! La prochaine fois, tu seras puni... » J'ai pas le souvenir d'avoir été puni une seule fois par mamoune.

10

« Horizontalement XI. Partie médiane du cervelet. Ou bien serait plus chanceux avec une jambe en moins... » Il a l'air de caler, le paternel. Cela fait bien dix fois qu'il la répète, cette phrase énigmatique. Il agite son crayon dans tous les sens. Les doigts de sa main gauche tambourinent sur la toile cirée. Il mâchouille son mégot éteint et l'écrase nerveusement dans la petite soucoupe ébréchée qui lui sert de cendrier. Il laisse échapper une quinte de toux grasse, pose son crayon, s'empare à tâtons de sa blague à tabac, d'une feuille de papier Job, et se roule une nouvelle cigarette. Il tremble. Je ne sais pas si c'est à cause de l'alcool ou de l'énervement du moment. C'est la première fois que je le vois sécher devant ses mots croisés. Je ne peux m'empêcher d'éprouver pour lui une vraie déception et un peu de tristesse. Je dois avouer en même temps que cela ne me déplaît pas complètement de le voir flancher, le champion cruciverbiste. Cela lui rabat un peu le caquet.

J'aimerais bien l'aider, mais je n'ai pas le niveau. Je m'y suis mis depuis quelque temps. Je peine. Hier, je lui ai piqué son journal, au pater. Je suis resté deux heures sur « Ne vaut rien », verticalement, en trois lettres. J'ai persévéré en me disant : « Non, tu ne demanderas rien au champion. Tu vas trouver... » Je n'ai pas trouvé. Quand il m'a vu, le journal sur les genoux, la pointe Bic en l'air, il m'a interrogé du regard en donnant un petit coup de menton comme pour me demander : « Alors, ça y est ? » Il m'a semblé qu'il ne me regardait pas comme d'habitude. J'ai eu l'impression qu'il était fier de moi. Il a fini par se pencher par-dessus mon épaule et m'a soufflé : « Trois lettres, "Ne vaut rien" : "Toc", bien sûr ! » J'ai fait semblant de pas être content. J'ai dit, l'air exaspéré : « Fallait pas me le dire, je l'avais sur le bout de la langue. » En tout cas, ce père qui est si loin, je crois que j'ai trouvé le moyen de l'approcher, par le biais des mots croisés. Il va peut-être comme ça s'intéresser à moi. Mais j'ai de sacrés progrès à faire si je ne veux pas qu'il me prenne pour un naze...

Pour l'instant, il patauge à son tour. Mamoune s'approche, pose des assiettes sur la table et indique qu'elle voudrait mettre le couvert. Le pater fronce les sourcils ; ça fait ressortir ses yeux de serpent, ses yeux de colère. Sur un ton cinglant, il lance : « Tu peux attendre cinq minutes, oui ? » Mamoune ne répond pas. Elle se glisse vers l'évier. Moi, occupé à réparer une pompe à vélo, je rentre la tête dans les épaules. Je me fais tout petit. Je sens l'orage venir. À cet instant, mon frère, l'apprenti coiffeur, entre dans la cuisine. Il tient à la main sa petite mallette d'artiste capillaire. C'est lui qui se fait appeler ainsi. Il demande au paternel : « Tu veux que je te les coupe maintenant ?... » Ce dernier répond tout aussi brutalement : « Tu vois bien que ce n'est pas le moment, abruti... » Le frangin disparaît sur la pointe des pieds. Mamoune réagit à sa place : « C'est jamais le moment de rien avec toi. Tu pourrais leur parler autrement à tes enfants... » Elle se met à disposer les assiettes autour de la table. D'un geste ample et violent de l'avant-bras le père les balaie. Fracas de vaisselle brisée sur le carrelage. Il hurle : « Je t'avais dit d'attendre cinq minutes ! » Mamoune ne se laisse pas impressionner. Elle lance à son tour : « Tu es complètement fou, mon pauvre homme ! Cela ne te vaut rien de rester deux jours sans boire. Fous le camp à ton bistro, s'il te manque tant. Tu seras plus aimable là-bas. » Mamoune n'aurait pas dû dire cette dernière phrase au pater. Il saisit la balle au bond. Il se lève, donne un coup de pied à la chaise sur laquelle il était assis et dit dans sa barbe : « Merci du conseil. » Il jette d'un geste rageur son journal au visage de mamoune. Je me fais encore plus petit dans mon coin. Une grosse boule monte dans ma gorge. D'où lui vient cette méchanceté ? En tout cas, si les mots croisés ça fout dans un pareil état de nerfs, je crois que je vais renoncer à devenir cruciverbiste.

11

« Mon père, il va remplacer la traction par la dernière 203. Il en a marre de sa Onze. » Et nous, Vivi et moi, on en a marre de l'entendre dire pour la dixième fois, ce grand couillon de Minardo, que son père va acheter la 203. Aujourd'hui, c'est un jeudi où nous sommes « désœuvrés », comme le constate souvent la mère Contini, quand nous sommes installés près de la pile où les voisines lavent leur linge, une fois par semaine. Cet emplâtre de Minardo, il en profite pour faire son mariole et pour nous faire comprendre que chez lui il y a plus de pognon que chez moi et que chez Vivi, même si on faisait l'addition des salaires et des alloc' de nos deux familles. Vivi soupire. Minardo lui casse les arpions. Elle se rapproche de moi. Je sens sa cuisse toute fraîche contre la mienne. Cela me fait un peu trop chaud quelque part. Je m'écarte légèrement. Elle revient au contact, mine de rien. Cela devient rigide dans mon short. Et comme il est un peu trop large, je ne sais plus comment me tenir pour dissimuler l'énormité de mon trouble. Parfois, je me demande si je ne suis pas anormal. Dès qu'elle est tout près de moi, je suis tout chaviré et je me retrouve tout dur... Dans mon lit, le soir, c'est la même chose. Il me suffit de penser à elle et je monte sous mes draps le plus grand chapiteau du monde.

Vivi me sort de mes pensées coupables, dont je ne parle jamais au curé quand je vais me confesser. Elle se lève et s'adresse à Minardo : « Tu nous fatigues, fada, avec ces bagnoles que ton père va changer... Et le papier cul, vous allez aussi le changer, chez toi ? » L'emplâtre hausse les épaules, donne un coup de pied dans une feuille de journal qui passait par là et répond en s'éloignant : « Faut pas être jaloux, bande de pauvres... » Vivi réplique aussitôt : « Ton père, il change peut-être souvent de voiture, mais toi, tu devrais changer plus souvent de chaussettes, parce que tu cocottes mon vieux... » Elle a toujours de la repartie, Vivi. Moi, je ne savais pas trop quoi lui répondre, à ce naze. Si je l'avais informé que mon pater venait de changer de vélo, je pense que je ne l'aurais pas intéressé. Pourtant, il est vachement mieux, celui qu'il vient d'acheter. C'est une bécane à plusieurs vitesses. Avant, il n'avait qu'un pignon fixe. Et ça devenait dur pour le père quand il revenait bourré. Cette fois, il a pris un vélo de femme. C'est plus facile d'en descendre et de se récupérer quand il risque de se foutre en l'air. Il faut le voir rentrer à la maison quand il a un peu trop picolé. Il zigzague dans tous les sens. Et que je te donne un coup de guidon à gauche, un autre à droite. Il penche sur le côté, se redresse au dernier moment, perd les pédales, les retrouve et finit par s'arrêter en freinant avec les pieds. C'est un vrai artiste de cirque, le pater. Sur son passage, les gens applaudissent. Et moi, ça me file envie de pleurer de voir qu'on se fout de sa gueule.

En plus, l'autre soir, il a failli y passer. Il n'a pas freiné assez vite et il s'est retrouvé les quatre fers en l'air. Le vélo est passé sous les roues d'un camion et s'est transformé en accordéon. Il a eu de la chance. Heureusement qu'il ne sait pas conduire. Je l'imagine mal au volant d'une voiture. Mais je sais bien qu'on n'en aura jamais. Je reconnais qu'il n'a pas tort, Minardo. Je suis jaloux. Il faut être riche pour avoir une bagnole. Est-ce que je serai pauvre toute ma vie ?

12

« Verticalement : s'accroche à tout ce qui est en mer... Horizontalement, en trois lettres : petit avant de devenir étoile... » Il a sa tronche des bons jours, le paternel. Il jubile. Rasé de frais et de trop près. Il s'est massacré le menton avec son coupe-choux. Il s'est fait plusieurs entailles, qu'il a recouvertes de lamelles de papier Job, le papier pour rouler des cigarettes et qui permet au sang de sécher. Il porte une chemise blanche nickel. Il finit sa grille de mots croisés devant la fenêtre grande ouverte sur les amandiers en fleur du père Sagnier. Un rossignol s'égosille tout en haut d'une branche pour nous annoncer une belle journée. Des odeurs de lilas et de sarments brûlés montent vers nous. Le voisin du bas prépare, sur deux pierres chauffées à blanc, ses grillades du dimanche. Il fait magnifiquement beau. Le ciel est encore plus bleu que les volets repeints par le père de Minardo.

Le printemps porte déjà les saveurs odorantes de l'été. Enfin, presque. Cela dépend du vent. S'il souffle du sud, on a droit au parfum des roses qui courent sur la treille de la propriétaire de la villa « Les Mimosas ». S'il vient d'ailleurs, on n'échappe pas aux remontées de la fosse septique qui annoncent également que les beaux jours s'installent. La lumière, les couleurs du matin me donnent envie de rire. Je suis heureux. Moi aussi, je suis impeccable. J'ai fait ma toilette en grand. En me coiffant, je me suis regardé dans la glace et j'ai eu l'impression d'avoir grandi. Je fais plus mûr que mon âge, c'est sûr. J'ai mis peut-être un peu trop de gel Pento pour figer le cran que je me fais, presque comme une banane semblable à celles des blousons noirs qu'on voit aux actualités Gaumont. Je suis accoudé à la rambarde de la fenêtre près du lit des parents. Les radios du voisinage donnent au maximum. Du côté de chez Vivi, on fait la bise à Zappy Max. Dessous, c'est encore la retransmission de la messe. Chez la mère Contini, c'est Luis Mariano qui n'en finit plus de gueuler sous le soleil de Mexico. Il a dû lui taper sur la caboche... Il y a deux jours, mamoune a perçu les alloc'. Alors aujourd'hui, c'est encore fête. On va manger super bien. J'entends la jolie musique du poulet qui rissole avec des pommes de terre dorées que je dévorerai goulûment tout à l'heure. Mamoune me réservera le blanc. La vie est belle. Enfin, au moins jusqu'à ce soir. Vers 16 heures, le père partira au bistro du coin et reviendra comme d'habitude bourré, autour de 19 h 30. L'hiver, quand il rentre pinté, ce n'est pas très gênant, car il fait nuit et personne ne le voit. Mais dès le printemps, c'est la cata. Les voisins sont tous dehors à prendre le frais et on dirait qu'ils l'attendent pour observer et commenter le calamiteux retour.

Depuis qu'il a un nouveau vélo, ma mère me demande systématiquement d'aller à sa rencontre. C'est pas vraiment pour l'aider, l'autre ivrogne. C'est plutôt pour prendre soin du vélo qu'il n'a pas encore fini de payer. Je marche devant lui en tenant la bicyclette par le guidon. Il ne veut pas que je monte dessus. Je me risque parfois à poser un pied sur une pédale et j'avance comme si je me servais d'une patinette. Je mets vite de la distance entre lui et moi. Bien qu'il tente de se tenir droit, il me fait vraiment honte, ce pochard. Parfois, je me demande si c'est vraiment mon père. Je ne lui ressemble pas. Et comme il ne s'intéresse pas à moi, je me demande aussi si la mamoune ne m'a pas conçu avec quelqu'un d'autre. Je ne sais pas si j'oserais lui poser la question. Je ne parviens pas à imaginer qu'ils ont dû faire l'amour ensemble pour avoir autant d'enfants. Je me dis souvent que l'amour, c'est pas un truc de parents. Pour moi, c'est une chose un peu interdite, un peu vicieuse et rigolote. Avec Vivi, si on ne fait pas complètement l'amour, ça y ressemble et on pique de sacrés fous rires. On se renifle partout, on se lèche même, sans aucune gêne. Je ne peux pas croire que les parents se marrent dans un lit. À mon avis, ils ferment tous la lumière. Ils font ça en silence sans le faire exprès, presque... On dit souvent que le dernier de la famille, c'est un accident. C'est pour cette raison que mon père ne fait pas attention à moi. Je suis un accident.

13

J'ai commencé mon enquête. J'ai d'abord interrogé les grands. En premier, je suis allé voir le frangin qui travaille dans les pétroles. Depuis qu'il est rentré du Sahara, on le voit un peu plus à la maison. Je sais bien que lui et le père, ça ne colle pas terrible, mais j'ai pensé : « On ne sait jamais, peut-être qu'il la connaît, la vérité. » Alors qu'il était en train d'astiquer les chromes de sa Vespa, je me suis approché de lui. Il n'est pas facile à aborder en général. Tout le monde affirme que c'est un vrai ours. C'est vrai qu'il ne dit pas trois mots à table. Au moment où il s'est penché pour ramasser le liquide qui fait briller, j'ai lancé un peu pour l'amadouer : « Elle est chouette ta Vespa... » J'ai presque vu un sourire dans ses yeux. Alors j'en ai profité et j'ai balancé : « Tu sais, toi, qui c'étaient, le père et la mère du paternel ? Les grands-parents, quoi... » Sans cesser de faire reluire le phare de son engin, il m'a répondu sans lever la tête : « Jamais vu, jamais entendu parler et je m'en contrefous. Surtout s'ils étaient aussi fadas que le vieux... » J'ai pas insisté. J'ai vite compris que je n'en tirerais pas plus. Celui-là, il n'oubliera jamais les raclées qu'il a reçues du champion des mots croisés et de la bouteille. Il vaut mieux ne pas évoquer son nom devant lui. J'ai pensé également que j'avais manqué de finesse, de technique pour aborder le sujet. Il ne fallait pas poser la question comme ça, aussi brutalement.

J'ai mis au point une autre stratégie avec mon frère le coiffeur. Il me fallait créer un climat de discussion. J'ai demandé à notre artiste capillaire de me faire un petit rafraîchissement derrière la nuque. Il ne dit jamais non ; ça lui permet de se faire la main. J'ai bien conscience que je lui sers de cobaye. Mais je dois reconnaître que j'aime bien qu'il s'occupe de ma tignasse. Il me glisse une serviette autour du cou, m'asperge les cheveux avec une petite poire, me masse longuement le cuir chevelu avant de faire danser ciseaux et tondeuse sur mon crâne et autour des oreilles. J'apprécie ce rituel. C'est agréable, ça me calme. Je ronronnerais de plaisir. Il prend son temps, le figaro. Ce n'est qu'à la fin, quand je me découvre dans la glace, que j'ai envie de crier au massacre. C'est le seul moment où je communique avec le frangin. Couper les cheveux libère la parole. Lui, il me demande régulièrement comment ça va avec les filles, et si je couche toujours avec Vivi. J'ai profité qu'il me parle de Vivi pour lui dire qu'elle aimait beaucoup mes cheveux bouclés et j'ai glissé, mine de rien : « C'est vrai qu'ils sont beaux, mes cheveux, je les tiens du pater... » Et dans la foulée j'ai ajouté : « Tu crois qu'il les avait comme moi, quand il avait mon âge ? » Le coiffeur n'a pas répondu. Il s'est contenté d'une grimace indéfinissable. J'ai poursuivi très naturellement en disant : « Sa mère, elle devait se régaler de le coiffer. » Silence du frangin. Enfin j'ai lancé, l'air préoccupé : « Tu en as déjà entendu parler, des parents du paternel ? – Jamais, inconnus au bataillon », a répondu mon frère en soufflant dans mon cou pour faire disparaître les petits cheveux qui ne vont pas cesser de me gratouiller toute la journée.

Je n'ai pas eu plus d'informations du reste de la famille. Mamoune m'a simplement dit : « Je ne les ai jamais rencontrés. Ton père n'en parle jamais. Il s'est fâché avec eux très jeune. Je crois savoir juste que ton grand-père était bourrelier dans le département du Gard... J'avais bien assez à faire avec ma famille pour m'occuper de celle de ton père... » J'ai remarqué que mamoune n'aime pas non plus qu'on évoque le passé. Elle croit que je ne sais pas que le pater lui a fait trois ou quatre gosses avant de divorcer de son premier mariage. Si ça se trouve, j'ai d'autres frangins et frangines de cette première union.

J'avais au moins un élément dans mon

enquête. J'avais appris que mon grand-père était bourrelier. Je ne savais pas trop ce que c'était, comme métier. J'ai cherché dans le dico et j'ai lu : « Personne qui fait et vend des harnais, des sacs, des courroies... » Cela me plaisait bien qu'il fasse des harnais, le grand-père. Je pouvais l'imaginer au milieu de gros chevaux de ferme, avec un épais tablier de cuir comme les forgerons. J'ai conclu qu'il fallait que je prenne mon courage à deux mains et que je demande au pater de me parler des grands-parents. Mais je sais que je n'oserai pas l'interroger. À table, je n'ose même pas lui demander de me passer le sel ou le pain...

14

On se fait péter le ventre de jujubes, fruits sucrés du jujubier, cousin éloigné du dattier. On va les ramasser dans la cour de chez Pansanel, le café-charbon-tabac, véritable tripot où le père va jouer son salaire aux cartes et laisser des ardoises après avoir éclusé sa douzaine ou sa vingtaine de pastis. Pansanel, c'est plutôt une bonne pâte. Été comme hiver, il porte une blouse grise d'instituteur, à part que la sienne est pleine de taches de graisse, et des nu-pieds sans chaussettes qui révèlent deux gros oignons. Cela explique peut-être pourquoi il ne peut pas mettre de chaussures et c'est aussi ce qui fait dire à

Vivi : « Pansanel, c'est un Martien. » C'est vrai qu'il a toujours l'air d'être dans la lune, le pauvre vieux. Dans le bistro, il sert les clients comme un automate, sans vraiment parler. Il pousse plutôt des grognements ou il glousse quand sa femme lui commande de s'agiter un peu plus. Elle, c'est une vraie teigne. Jamais aimable. On la surnomme Tartine Mariole parce qu'elle ressemble à l'héroïne débile de l'illustré qu'on s'échange avec Minardo. Elle est très maigre et porte un chignon gris sale et elle est habillée également d'une blouse noire qu'elle semble ne jamais quitter. Elle va de table en table, une bouteille de rouge dans une main, une bouteille de pastis dans l'autre, et vas-y que je te refais le plein dans tous les verres. Elle marque sur une ardoise qu'elle porte à la ceinture, maintenue par un élastique, chaque nouvelle consommation. L'autre jour, elle nous a surpris en train de ramasser des jujubes dans sa cour et elle nous a poursuivis le balai à la main, comme une furie. Nous avons essayé de lui faire comprendre que son mari nous autorisait habituellement. Elle n'a rien voulu savoir.

Moi, je la déteste pour d'autres raisons : c'est elle qui fait boire mon père. J'ai souvent remarqué son manège, quand je vais chercher du charbon chez elle, ou des bûchettes de bois pour allumer le feu. J'adore ces bûchettes précieusement rassemblées et maintenues par un gros élastique et ça me désole quand on les met dans le fourneau et que le feu les dévore. J'y mettrais bien l'autre sorcière, dans le feu... Elle se montre toujours souriante avec le pater. Elle s'approche toujours de lui de la même façon, la bouteille à la main. Au lieu de dire d'une manière interrogative : « Je vous ressers, monsieur Henri ? », elle impose d'un ton affirmatif : « Je vous ressers, monsieur Henri ! » J'ai entendu mon père la prévenir : « La note va finir par être salée... », et cette vieille truie de lui répondre : « Ne vous inquiétez pas, monsieur Henri, je sais que je peux vous faire confiance... Vous n'êtes pas du genre à ne pas payer vos dettes, vous ! »

C'est vrai qu'elle lui manifeste une certaine considération. Mais il faut reconnaître également qu'il détonne, le pater, au milieu de la bande d'ivrognes qui fréquente l'établissement. Il est toujours bien sapé et on le remarque à côté des trognes bouffies par l'alcool qui éructent et vocifèrent en croisant les cartes sur des toiles cirées poisseuses, auréolées de traces de verres de vin rouge. Mamoune me dit souvent : « Va voir si ton père est sorti de la cour des Miracles... » Elle peut lui faire confiance, la Thénardier, il paye ses dettes rubis sur l'ongle et tant pis, si nous, à la maison, on ne voit pas la couleur de son salaire. La semaine dernière, mamoune m'a fait porter un billet à la mère Pansanel, lui demandant, selon la formule consacrée, « de lui faire crédit si possible » pour un sac de charbon. Elle a refusé, cette vipère. Dans le quartier, on dit qu'elle est très riche. Tu m'étonnes... Je suis sûr que la moitié des billets qu'elle doit planquer sous son matelas proviennent du portefeuille de mon père. J'aimerais bien lui faire une vacherie. La prochaine fois qu'on lui livrera des tonneaux de vin, j'irai pisser dedans. Hélas ! cela n'empêchera pas le pater de picoler, il ne boit que du pastis...

15

« Laisse-les dire, va, ces langues de putes... » J'aime bien son franc-parler, à Vivi. Elle a toujours le mot qu'il faut pour me réconforter, mais cette fois, je digère mal la conversation que j'ai surprise sous le porche, près des boîtes aux lettres déglinguées, entre la grosse Contini et la mère de Minardo. Qu'elles déblatèrent sur le pater, à la rigueur je peux le comprendre. Mais sur mamoune, j'ai du mal à l'avaler. En gros, elles affirmaient que si mon père picolait, dépensait son argent au bistro, c'est qu'elle le voulait bien, ma mère, et qu'elle n'avait qu'à prendre ses cliques et ses claques..., que les hommes s'autorisaient ce qu'on leur permettait..., que les femmes soumises récoltaient ce qu'elles méritaient... Je me suis fait tout petit en entendant les fadaises de ces deux commères. Je me suis planqué dans le renfoncement qui donne sur le puits en retenant ma respiration pour ne pas me faire repérer. Le rouge m'est venu aux joues et mon cœur battait à cent à l'heure. J'ai eu envie de sortir de ma cachette et de les insulter. Mais je voulais savoir ce qu'elles allaient encore dire comme horreurs. Peut-être aussi que je me suis dégonflé. J'ai pris le parti de me réfugier dans le cabanon où nous avons l'habitude de nous planquer, Vivi et moi, quand on a envie, en pleine journée, de s'embrasser avec la langue, à l'abri des regards indiscrets. Je me suis posé sur le vieux sommier, qui traîne là depuis des lustres, avec de vieux meubles et des vêtements usés que l'on doit donner à plus pauvre que nous. J'ai bloqué la porte avec une vieille chaise sans fond et je me suis creusé le ciboulot pour savoir comment je pourrais me venger des deux mégères.

C'est à ce moment-là que Vivi est venue tambouriner en braillant : « Ouvre, couillon de la lune, je sais que tu es là. » J'ai lâché un pas très convaincant : « Laisse-moi tranquille… » J'ai fini par ouvrir. En réalité, j'étais content qu'elle me rejoigne. En découvrant ma trogne elle a dit, en soupirant : « Tu fais une tête comme si tu avais la cagade… » Je l'ai vite rassurée sur l'état de mes intestins et j'ai vidé mon sac en lui révélant les commentaires des deux salopes de service. Elle s'est assise près de moi. Elle m'a pris la main et l'a posée sur sa cuisse. Elle savait qu'ainsi elle allait m'apaiser, me faire penser à autre chose. Mais je n'avais pas le cœur, justement, à penser à autre chose. L'atmosphère étouffante du cabanon dépourvu de fenêtre ne facilitait pas la respiration. Je donnais l'impression à Vivi d'être au bord des larmes. En vrai, je suffoquais par manque d'air. Alors elle est devenue encore plus câline, en posant ses lèvres mouillées sur les miennes. Je me suis rappelé que, quelques secondes plus tôt, je n'avais pas le cœur à penser à autre chose, mais cette fois, en sentant sa langue chercher la mienne, j'ai vite sorti de mon esprit les deux pipelettes. Après un long baiser de deux à trois minutes, nous nous sommes écartés pour reprendre notre souffle. Je n'ai pas essuyé ma bouche, inondée de la douce salive de Vivi. Et c'est elle qui est revenue sur le sujet que je n'avais plus envie d'aborder : « Je les connais bien, ces bonnes femmes. Je sais bien ce qu'elles racontent aussi sur mon père. Elles disent à qui veut l'entendre qu'il est plus cocu que le chef de gare... » Elle a marqué un temps en agitant des deux mains les pans de sa robe en tissu léger, comme pour se faire de l'air sur les cuisses, et elle a poursuivi calmement : « C'est vrai qu'il est cocu, le pauvre, mais ça ne m'empêche pas de l'aimer et d'aimer aussi ma mère... C'est leurs affaires. C'est la vie et ça ne regarde personne... » Une fois de plus, elle m'a épaté avec cette façon qu'elle a de réagir. Elle a souvent des réflexions qui me semblent plus intelligentes que celles des adultes. Avant de me reprendre la bouche comme si elle allait croquer un abricot ou une pêche, elle a ajouté : « Ton père, s'il picole, c'est qu'il a ses raisons. C'est qu'il est malheureux, et ta mère, elle n'y est pour rien, c'est sûr... » Je me suis alors rendu compte que je n'avais jamais pensé que le pater pouvait être malheureux. Il fallait que j'élucide ce nouveau mystère : qu'est-ce qui pouvait bien rendre mon père malheureux ?

16

C'est le cagnard, ça tape ! C'est presque l'été. Voilà près d'une demi-heure que nous marchons dans la rocaille blanche entre des buissons d'un vert éclatant, contrastant avec les troncs noirs des oliviers qui nous entourent comme une armée de Sarrasins silencieux. J'ai vu s'enfuir plusieurs fois, à notre approche, des lapins et peut-être même des lièvres. Le ciel est d'un bleu très clair, presque transparent. Dès 8 heures, les cigales ont commencé à faire vibrer leur instrument. Je n'en reviens pas de marcher à ses côtés dans la garrigue. Il m'a réveillé à 7 heures, le pater. Je croyais qu'il voulait me forcer à aller à la messe. Il m'a murmuré, d'une voix douce que je n'avais jamais entendue et en me secouant par le bras : « Allez, petit, lève-toi, viens avec moi, on va chercher des plantes médicinales... » Je ne me le suis pas fait répéter. En deux secondes j'ai enfilé ma chemisette, mon short et mes sandalettes. C'est la première fois de ma vie que je suis en balade avec mon père. D'habitude, il part tout seul faire sa cueillette. Il ramène des tas d'herbes bizarres, mélangées à du romarin, du thym, du laurier, et prépare un mélange étrange qu'il vend, comme ça, en loucedé, aux clients de chez Pansanel. Comme il a une bonne réputation de préparateur en pharmacie, les gens lui font confiance. À tous ceux qui le consultent, il répond toujours, avec un air de conspirateur : « J'ai ce qu'il vous faut... » C'est un spécialiste de la verrue, des cors aux pieds, du rhume des foins, de l'arthrite, des intestins et des chevilles tordues. Moi, quand je le vois faire ses mixtures, je me dis que c'est un vrai sorcier blanc. Mais je crains aussi, si jamais ces produits n'ont pas l'effet attendu, qu'on l'enduise de glu et de plumes, comme le *medecine man* dans les films de cow-boys.

Il s'arrête tous les dix mètres, se baisse en remontant d'un geste vif son pantalon noir, en le saisissant aux genoux, fouille un bouquet de chardons, coupe avec son Opinel une petite tige, qu'il glisse dans un petit sac à peine plus grand que sa blague à tabac. Il repart en s'épongeant le front, l'air satisfait. Il porte une chemise blanche sans col et des sandalettes rouges à semelle de corde, avec des lacets qui lui entourent la cheville et le mollet. Il ressemble, comme ça, à un vrai danseur de sardane. Même en pleine campagne, il reste élégant. Je le suis à petits pas de Sioux. J'ai chaud. J'ai emporté une gourde de cuir usé, que j'ai remplie d'eau fraîche avant de partir, mais comme je l'ai mal rincée, la flotte que j'avale a un vieux goût de vin assez proche du vinaigre. Je n'en propose pas au pater. Je sais bien que l'eau, c'est pas son truc. Il vient de s'arrêter sous un olivier. Il souffle. Je me risque à lui tendre la gourde ; évidemment il me fait non de la tête. Je me remets à téter au goulot en faisant la grimace. Le pater ouvre son petit sac, glisse deux doigts à l'intérieur et retire une de ses plantes qu'il observe en portant ses lunettes sur le bout du nez : « Celle-ci, dit-il, elle peut guérir d'une forte fièvre, mais elle peut aussi donner de sacrées coliques si on ne la dose pas bien... » Je ne me force pas, pour avoir l'air intéressé. J'ai si rarement l'occasion d'être seul avec lui. Je me dis que c'est le moment ou jamais de lui poser des questions.

Je lui demande d'abord d'où il tient cette connaissance de la nature. Il m'explique qu'elle lui vient d'un préparateur en pharmacie qui l'a formé quand il était apprenti. Je pense alors : « S'il me parle de sa jeunesse, il évoquera peut-être son enfance et ses parents... » Je me risque à l'interroger une nouvelle fois : « C'était où, cet apprentissage ? » Il me répond machinalement, en refermant son sac : « C'était dans le Gard, à Nîmes... » Et là, comme un abruti, je lance en rafale : « Tu as été à l'école jusqu'à quel âge ? C'est tes parents qui ont voulu que tu sois préparateur en pharmacie ? Que faisait-il ton père comme métier ? Pourquoi on ne les a jamais vus, les grands-parents ? »

Le visage du pater se referme aussitôt. Qu'ai-je demandé de si terrible ? Tout ça, je le reconnais, est sorti trop vite de ma bouche. Je me suis montré trop impatient. Le père se lève. Il a l'air contrarié. Je remarque qu'il a retrouvé ses yeux de serpent. C'est sûr, ma curiosité l'a vraiment agacé. Il s'éloigne de quelques pas et me dit d'une voix blanche : « Mes parents, je les ai oubliés depuis longtemps ! » Je n'ose pas me porter à sa hauteur. Il marche devant moi à contre-jour. Sa silhouette noir et blanc, de dos, semble irréelle dans la lumière de cette fin de matinée. Le pater n'ouvrira plus la bouche jusqu'à la maison. Il ne se retournera pas une seule fois...

17

Je l'ai eu ! Ça y est... Je le tiens entre mes mains, ce certif'. Le maître me l'a tendu comme un parchemin précieux, maintenu par un ruban, avec un cachet de cire rouge. Je l'ai déroulé et j'ai vu mon nom calligraphié en lettres violettes. Je suis le seul dans la famille à l'avoir, ce certificat d'études primaires. Je l'ai obtenu avec un an d'avance. Je ne m'y attendais pas. Je pensais avoir tout faux avec les problèmes sur les éternelles baignoires qui fuient et les trains qui ne partent pas à l'heure, mais qui arrivent ensemble. Par contre, en composition française, je me suis bien débrouillé. J'ai raconté une journée de vendange. J'ai mis le maximun de détails sur la vigne, les magnifiques feuilles vertes, les sillons de terre rouge, les odeurs de marc, les trognes des coupeurs de raisins qui jouent du sécateur avec habileté, les videurs de seaux aux visages brûlés par le soleil, les porteurs de comportes aux carrures impressionnantes et les vendangeuses aux poitrines généreuses rougies par la chaleur. Je me suis dit que tout ça devrait plaire à l'examinateur.

Le maître aussi a l'air content de moi. Il est tout souriant. Il m'a posé deux fois la main sur la tête en m'ébouriffant les cheveux. Je déteste ça. Il me casse chaque fois le cran que je mets deux heures à figer avec une tonne de gel Pento. En plus, cet hypocrite n'a pas toujours été sympa avec moi. Il n'y a pas quinze jours, il m'a fait venir sur l'estrade pour résoudre au tableau un problème de fractions et il m'a foutu plusieurs torgnoles parce que je me trompais en permanence. J'ai chialé devant toute la classe. Je ne sais plus par quel miracle j'ai fini par m'en sortir. « Ben tu vois, qu'il m'a fait en se montrant soudain tout miel, tu peux y arriver quand tu réfléchis... » Je ne lui pardonnerai jamais ces torgnoles qui résonnent encore dans mes oreilles, à ce sadique... Je ne lui pardonnerai pas, surtout, de m'avoir humilié devant tout le monde.

Et hier, il m'a pris à part pour me dire avec un air de conspirateur : « Il faut que j'aille voir ton père à sa pharmacie, pour lui parler de ton avenir. Je crois qu'à la rentrée tu es capable de passer directement en cinquième, au cours complémentaire... »

Là, il m'a foutu sur le cul, car je me suis aperçu qu'il me considérait donc comme un bon élève ; en même temps, j'ai eu la trouille à l'idée qu'il se pointe au boulot du pater. Il aurait vite compris qu'elle n'était pas à nous, la pharmacie. Il aurait découvert que mon vieux travaillait dans un trou à rat, au sous-sol. Mal à l'aise, je lui ai répondu : « Mon père préfère passer à l'école. Je sais qu'il y tient... Il n'est jamais venu. »

Hier soir, quand j'ai informé le pater que le maître voulait le voir, il m'a dit : « Tu crois que je n'ai que ça à faire ? » Je l'ai mis en garde aussitôt : « Si tu ne viens pas, il passera à la pharmacie. » Là, j'ai compris qu'il n'y tenait pas. Il s'est repris en disant : « Je demanderai à partir plus tôt, pour une fois... »

Et il est vraiment parti plus tôt... peut-être même trop tôt. Quand je l'ai aperçu dans le hall d'entrée de l'école, j'ai compris qu'il avait déjà un coup dans l'aile. J'ai pris mon cartable et j'ai foutu le camp en passant par la cour des filles pour ne pas le croiser. Je suis rentré en courant, les larmes aux yeux. J'avais envie de mourir. En arrivant, je me suis enfermé dans le cabanon pour ruminer ma honte. J'ai espéré que Vivi me rejoigne. Elle n'est pas venue.

Le lendemain, j'ai fait l'école buissonnière. C'était pas grave, on approchait de la fin de l'année. Je me suis baladé toute la journée dans la garrigue. J'ai ramassé des amandes, que j'ai bouffées à m'en faire péter les boyaux, et j'ai cueilli des olives que j'ai jetées sous le pont des crapauds en revenant, avec des plantes médicinales que j'avais ramassées, en maudissant le pater.

18

Elle sent bon le café au lait. Sa peau est encore toute chaude de la nuit. J'étais impatient de la retrouver. Quand je me suis glissé dans son lit, j'ai bien vu qu'elle faisait semblant de dormir. Je me suis tout de suite collé contre elle. Elle a fait, d'une voix légèrement éraillée : « Qui c'est qui est là ? » J'ai répondu dans le creux de son oreille : « C'est le pape... Comme si tu ne savais pas qui est là... »

Elle s'est redressée sur un coude. Elle a ébouriffé ses cheveux de la main et elle s'est approchée de moi jusqu'à frotter son nez contre le mien. Elle a murmuré : « Dis donc, fada, tu es matinal, tu aurais pu te faire choper par mon père, il vient à peine de partir... »

Là, tout d'un coup, mon sang n'a fait qu'un tour. Je me suis senti pris de panique à l'idée de me trouver face au pater de Vivi. Je me suis dit même : « Et s'il revenait ? s'il avait oublié quelque chose ? et qu'il trouve un garçon dans le lit de sa fille ? Il péterait les plombs à tous les coups. Déjà que sa femme lui en fait voir de toutes les couleurs... Même s'il fait celui qui ne veut pas voir, il sait bien qu'elle est un peu légère, côté plumard. S'est-il douté qu'un de mes grands frangins couche aussi avec elle ? Peut-il savoir que le coiffeur de la famille rejoint également de temps en temps au lit, le matin, Josiane, la sœur aînée de Vivi ? Et s'il me découvrait avec sa petite princesse, c'est moi qui dégusterais pour tout le monde, dans cette affaire de coucheries... »

Je finis vraiment par en trembler. Vivi me demande : « Tu as froid ? » Je lui réponds par un timide « oui », en engageant une de mes jambes hors du lit. Elle me tire par le bras en soupirant : « Viens contre moi, petit couillon de la lune, tu auras plus chaud... »

Je ne peux m'empêcher de lui demander : « T'es sûre qu'il ne risque pas de revenir, ton père ? » Elle pose sa bouche sur mon cou et répond : « Mais non, quand il est parti, c'est pour de bon... »

Mon inquiétude persiste. Je prétexte une envie soudaine de me rendre au petit coin. Vivi n'est pas dupe. Elle me lance en se levant derrière moi : « T'es vraiment qu'un trouillard... »

Quelques minutes plus tard, nous nous retrouvons l'un en face de l'autre devant la table en Formica jaune de la cuisine. Elle ne semble pas disposée à m'adresser la parole. Je me risque à l'interroger d'une voix pas vraiment assurée : « Tu es fâchée ? Tu fais la tête ?... » Elle réplique vivement : « Non monsieur, je ne fougne pas, c'est pas le genre de la maison de bouder... »

Comme pour m'excuser, je balbutie : « Je l'aime bien, ton père. Je ne voudrais pas lui faire de la peine... »

Le visage de mon amoureuse se détend. Elle murmure : « Moi aussi, je l'aime. Je l'aime pour deux. »

Je ne peux laisser échapper mon étonnement :

« Pour deux ?

– Oui, pour ma mère et moi. »

Je crois voir un peu de tristesse dans ses yeux. Je lui demande :

« Tu parles avec lui ?

– Ça arrive.

– Moi, je ne parle pas vraiment avec le mien. Ou plutôt, c'est lui qui ne me parle jamais. Toi, avec le tien, quel genre de discussion vous avez ? »

Vivi a subitement l'air agacé. Elle lance sèchement : « T'es dans la police ou quoi ? »

Penaud, j'explique : « Je veux simplement savoir de quoi ça parle, un père, avec ses enfants... »

Elle se fait plus douce et répond :

« Il me parle de l'école, de sa moto, de son enfance, je sais pas, moi, encore...

– Moi, le mien, il ne dit rien. L'autre

jour, j'ai voulu l'entreprendre sur ses parents, il s'est fermé comme une huître. Il m'a envoyé promener. Il a même failli se mettre en colère. »

Vivi saisit un bout de pain sur la table et une noix de margarine qu'elle étale avec application : « Tu en veux ? » fait-elle en me tendant la tartine.

Je fais non de la tête. La bouche pleine, elle reprend : « Faut pas exagérer, mon vieux il n'est pas très causant non plus. C'est affaire de génération. »

Je marque ma surprise par une moue qui doit me faire ressembler à un singe. Devant mon expression d'homme des cavernes, Vivi répète :

« Ouais, c'est pas une génération causante. Faut les laisser venir. »

On en est restés là de notre conversation. Mais j'ai pensé que si je devais le laisser venir, le pater, je risquais d'attendre longtemps.

19

Ce temps me porte sur les nerfs. Le ciel est plombé. Presque noir. Il n'y a pas un souffle d'air. On dirait que c'est la fin du monde. Le temps qu'il fait, c'est le grand sujet de conversation des commères de la villa « Les Mimosas ». Dix fois par jour, on les entend gémir : « Mon Dieu, comme il fait lourd... On étouffe. Ils nous ont détraqué le temps... » Il a bon dos, « Ils ». On ne sait pas vraiment de qui il s'agit, mais dès que quelque chose va de travers, c'est la faute à « Ils ». Moi, ce qui me navre le plus dans cette histoire, c'est qu'un temps pareil, ça file encore plus soif au pater. Il a doublé les doses de pastis et il rentre à la maison de plus en plus tard et de plus en plus bourré.

Je suis également sur les nerfs, parce que cela fait deux jours que j'attends l'arrivée de ma grande frangine Hélène. Elle rentre définitivement d'Algérie pour prendre un poste d'infirmière à Paris.

Dans la famille, on parle d'elle un peu comme de l'oncle d'Amérique. C'est la princesse, celle qui a réussi. Pourtant, elle est partie de rien, comme dit mamoune. Et le père, pas vraiment très tendre avec elle, il lui avait prédit un avenir sombre. Elle a quitté l'école à 12 ans, pour aider à élever les minots. Et puis, à 16 ans, elle a fait une sorte de stage dans un hôpital. Alors qu'elle savait à peine lire et écrire, elle a décidé qu'elle deviendrait infirmière. Elle a bossé nuit et jour en dévorant les dictionnaires médicaux. Elle s'est fait remarquer par un grand professeur qui a été très impressionné par sa volonté et aussi, je crois, par sa silhouette. Il l'a aidée à devenir très compétente. Aujourd'hui, elle est assistante en chirurgie. Mamoune m'a dit que c'est l'infirmière qui passe les instruments au bloc opératoire. C'est sûr, moi aussi j'ai bien vu qu'elle avait réussi. La preuve ? Il y a trois ans, elle est revenue nous voir avec une 4CV toute neuve. L'année suivante, elle avait une Dauphine rutilante et l'été dernier, elle a débarqué en Ondine décapotable. Si je l'attends avec tant d'impatience, c'est parce que je suis fier d'elle et que je l'aime. Quand je parle d'elle à Vivi, elle dit que je ne l'aime pas comme une sœur, mais comme une amante... Peut-être qu'elle n'a pas tort, la Vivi. En tout cas, quand elle est là, la frangine, c'est la fête. Je suis le plus heureux. En général, elle m'achète plein d'affaires. C'est le seul moment où j'ai des habits neufs. Elle donne également de l'argent à mamoune et, pendant quelques semaines, j'ai plus honte d'être pauvre. On ressemble alors à une vraie famille.

Le père aussi semble l'attendre avec impatience. Il fait celui qui est indifférent, mais je vois bien qu'il est un peu troublé. En tout cas, quand Hélène est là, il évite de picoler. Elle l'impressionne, j'en suis certain.

Quand elle était plus jeune, il ne cessait pas de lui dire des horreurs, mais maintenant qu'elle lui tient tête et qu'elle fait « dame », il s'écrase. Quand elle vient en vacances, c'est la seule personne avec laquelle il discute. Ils commentent ensemble les événements d'Algérie ou parlent d'opéra. J'ignorais que le pater avait du goût pour la musique. Comme lui, Hélène fait des mots croisés. À les voir aujourd'hui ensemble, on a du mal à imaginer qu'il y a eu tant de disputes et de conflits entre eux.

Je ne sais pas si la frangine a oublié, ou si elle lui a pardonné. Il y a, là encore, un mystère que je ne m'explique pas. Moi, quand je le vois odieux avec mamoune, ou complètement bourré, je n'ai pas envie de lui pardonner.

J'ai posé mon cul dans la poussière, sous l'arche métallique sur laquelle court une treille d'aubépine et de chèvrefeuille. Ça sent bon. De là, je vois tout le chemin vicinal n° 108, par lequel va débarquer la frangine.

Je me demande si elle a encore changé de bagnole. Je comble mon impatience en faisant des misères à un gros scarabée noir que je tourne et retourne avec un bout de bois. Je cesse d'agacer le pauvre insecte au moment où un coup de klaxon me fait sursauter. Mon cœur bat à deux cents à l'heure. La frangine n'a pas changé de voiture. L'Ondine stoppe à ma hauteur. Hélène descend en découvrant ses jambes et ses cuisses bronzées sous une belle robe à volants jaune et rouge. On dirait l'actrice Grace Kelly. C'est vrai, elle a raison Vivi, je ne la regarde pas comme une grande sœur. Je me jette dans ses bras. Je suis heureux. Je pleure.

Malgré mes yeux mouillés de larmes, j'aperçois la silhouette du pater qui nous regarde à la fenêtre du premier étage...

20

« Horizontalement : difficile de lui résister avec ses grands airs... » Cela fait bien une dizaine de fois qu'il se répète, le pater. J'ai l'impression que depuis quelque temps il a une baisse de forme, le cruciverbiste. Je me demande si le pastis ne lui ramollit pas le cerveau...

Il marche de long en large dans la chambre. Il tient dans une main la page de son journal pliée en quatre et mâchouille une fois de plus son crayon, en jetant de temps en temps des coups d'œil par le balcon, comme si la réponse allait remonter à lui depuis le jardin. C'est un samedi de lessive. Mamoune et la mère Contini bavardent en étendant des draps blancs qui claquent au vent sous un soleil cru. La commère a noué un grand foulard rouge sur sa tête et porte une grande blouse à fleurs vives. Elle ressemble ainsi à ces gitanes qu'on rencontre tous les ans, du côté du pont des crapauds, où les caravanes et les roulottes tirées par des chevaux énormes font étape avant de se rendre au pèlerinage des Saintes-Maries-de-la-Mer. Mamoune a remonté les manches de sa blouse d'où elle extrait des pinces à linge qu'elle accroche avec agilité, en se portant sur la pointe des pieds pour atteindre le fil de fer sur lequel le linge est accroché. Le père jette un regard vague vers les deux femmes, sans donner l'impression de les voir vraiment. Il murmure en hochant la tête et en fronçant les sourcils : « Difficile de lui résister avec ses grands airs, en quatre lettres... » Je l'observe à contre-jour dans la lumière, à travers laquelle filtrent en suspens des milliards d'éclats de poussière qui dansent, virevoltent autour du pater, plongé dans un abîme de réflexions. Je baisse la tête et feuillette d'un air détaché un vieux *Paris Match* qui révèle des photos sur les atrocités en Algérie. Je suis bien content de savoir que la frangine ne retourne pas chez les rebelles. J'aime bien, moi, ce mot : *rebelle*. Mais à la radio, ou aux actualités au cinéma, ils le prononcent sur un drôle de ton. Ils parlent aussi des fellaghas comme de vrais sauvages...

Le champion des cruciverbistes, la mine de plus en plus sombre, pose son journal sur une chaise et quitte la pièce en passant devant moi comme si j'étais l'homme invisible. Machinalement, je me penche et saisis la page de mots croisés. Je constate, sans le vouloir, qu'il s'agit du journal de la veille. Aussitôt, une idée de génie germe dans ma petite tête. Je quitte la chambre à mon tour, traverse la cuisine, claque la porte et me précipite chez Vivi. Je lui demande, tout essoufflé : « Il a *Le Midi libre* d'aujourd'hui, ton père ? »

Elle me regarde d'un air éberlué : « Qu'est-ce qui t'arrive, fada ? Tu veux savoir si tu as gagné à la loterie nationale ? » Je fais « non » de la tête. Elle fouille dans un porte-revues en osier, d'où elle extrait, entre une pile de romans-photos, le journal tant espéré, qu'elle me tend comme une offrande. Je le pose sur la table de la cuisine et le feuillette à la recherche de la page des mots croisés. Comme le pater, je répète dans ma barbe :

« Difficile de lui résister avec ses grands airs...

– C'est de moi que tu parles ? » me demande Vivi, intriguée.

Je hausse les épaules et hurle, en pointant l'index sur la solution figurant horizontalement sur la troisième ligne de la grille : « *Diva* ! Difficile de lui résister avec ses grands airs : *diva* ! Bien sûr... *Diva* ! »

Je me tourne vers Vivi qui semble ne rien comprendre à mon exaltation et lui affirme : « Je vais lui clouer le bec, au champion... »

Je prends la poudre d'escampette, sans remercier ma petite copine qui me recommande en levant les yeux au ciel : « Ne te mets pas au soleil, tu as la caboche qui chauffe dur aujourd'hui... »

Quelques instants plus tard, je retrouve mon père assis au bord de son lit. Il fait presque peine à voir. Jambes écartées, dos voûté, regard vague, il tient à peine entre deux doigts sa page de mots croisés. Il a mis son crayon sur l'oreille. C'est mauvais signe quand il fait comme l'épicier. L'euphorie dans laquelle le met cet exercice, quand ça marche bien, peut, quand il sèche, se transformer en dépit, en colère. Je l'entends soupirer : « Difficile de lui résister avec ses grands airs... »

Je ne peux résister plus longtemps au plaisir d'étaler ma science empruntée. Je me dis que c'est le moment ou jamais de me distinguer et lâche avec une certaine suffisance : « Difficile de lui résister avec ses grands airs : *Diva* ! *Diva*, bien sûr... » Faut voir la tronche du pater... Il rougit. Il pâlit, tousse, écarquille les yeux. Il voudrait comprendre, interroger, féliciter ce fils érudit. Je ne lui laisse pas le temps de réagir davantage. Je fous le camp de la pièce à toute vitesse, rendant ainsi, pour lui, la situation encore plus incompréhensible, encore plus énigmatique. Je m'esclaffe dans les escaliers en chantant à tue-tête sur l'air du *Mariage de Figaro* : « Diva, diva, diva... »

Il n'en faut pas plus pour alerter Vivi, qui surgit sur le palier en me lançant : « Tu commences à m'inquiéter mon pauvre garçon, il va falloir te faire soigner... »

21

J'aime bien me balader à poil dans la maison, quand je suis seul l'après-midi. À la clarté d'un rai de lumière qui perce à travers les lourds volets fermés à l'espagnolette, je marche, mon truc dressé en l'air. Je fais plusieurs arrêts devant la glace de l'armoire. Je l'observe avec fierté. Je lui trouve une fière allure. Quand il devient trop encombrant, je m'allonge à même le carrelage frais. C'est assez efficace pour tout remettre en place. Puis je bois une gorgée d'Antésite avec des bouts de glaçons que j'ai cassés avec un marteau dans le pain de glace enveloppé dans une serviette de table sur l'évier de la cuisine.

Maintenant que j'en ai fini avec mon oiseau et toutes ces sensations agréables, j'ai décidé, dans la pénombre, de chercher des traces de la vie du pater. Je me sens une âme d'Arsène Lupin. Je fouille comme un voleur dans la chambre des parents. Sensible au moindre bruit, je me précipite à pas de Sioux vers la porte ou la fenêtre, n'excluant pas l'idée de sauter du premier étage, et, rassuré, je retourne à mes investigations. Je finis par tomber sur cette boîte à chaussures dans laquelle mamoune cache, sans vraiment le cacher, tout ce qui lui tient à cœur. J'extrais d'abord un gros paquet de lettres maintenues par un large élastique noir. Sur le côté gauche des enveloppes sont imprimées deux ailes d'oiseau, surmontées de l'inscription « Air Mail ». Je sais que tout ce courrier est celui du frère aîné qui est en Indochine. Ces enveloppes me font rêver. Je les porte à mon nez et les respire. Je m'imagine qu'elles sentent le caoutchouc, la fumée d'opium, les fleurs exotiques. En réalité, elles puent la poussière, le renfermé. Je les pose sur le carrelage et plonge dans un paquet de photos que je regarde à toute vitesse. Certaines sont récentes, d'autres jaunies, édentées, cornées. Je découvre d'abord mon frangin, le parachutiste, habillé en coureur cycliste, tenant par le guidon un magnifique vélo de course qu'il s'était payé avec son premier salaire de « chauffard-livreur ». Il s'est fait virer de ce boulot parce qu'il roulait trop vite avec sa camionnette.

Je tombe ensuite sur le grand-père maternel. C'est une photographie sépia. Il porte un uniforme de pompier avec un casque de hussard, une ceinture très large qui lui prend toute la taille, comme la gaine de la mère Contini. Il pose devant une échelle. Mamoune m'a dit que c'était lui, l'inventeur de l'échelle à coulisse. Chaque fois que j'entends ou que je vois les pompiers, je ne peux m'empêcher de penser à ce grand-père et d'être fier de lui. Quand j'ai dit à ce gros con de Minardo que c'était lui, le père de cette invention extraordinaire, grâce à laquelle des tas de gens sont sauvés, il m'a répondu que sa grand-mère à lui avait inventé le fil à couper le beurre. Je trouve une autre enveloppe dans laquelle je découvre un petit bonhomme maigrichon, aux genoux cagneux, habillé d'une chemisette trop grande et d'un short rapiécé. C'est moi.

J'ai un petit air triste. Je dois avoir 6 ou 7 ans. Je remarque que je suis bien coiffé. Je me remets vite dans la boîte à chaussures en me promettant d'oublier ce pauvre petit malheureux.

Le dernier portrait que je découvre est celui de mamoune. Elle doit avoir 20 ans. Il y a beaucoup de douceur et de fragilité sur son visage à l'ovale parfait. Elle est élégante avec ce chemisier blanc qu'elle porte avec un ruban noir autour du cou.

Je ne trouve pas une seule photo du pater. Je finis par renverser toute la boîte. Deux boutons rutilants roulent sur le sol. Il s'agit peut-être des boutons de l'uniforme du grand-père. Il y a encore, dans tout ce fatras, un petit chapelet, un dé à coudre, un bout de voile de mariée, une image de la Sainte Vierge, une bague avec une sorte de rubis qui ressemble plutôt à une de mes agates, un petit Christ en plâtre avec une feuille de laurier collée sur la croix. Je ne trouve toujours rien concernant mon père. Un petit carnet pourtant attire mon attention. Je l'ouvre. La moitié des pages ont été arrachées. Il n'y a aucune inscription sur les autres. Cela m'intrigue. Dans la penderie, je décide d'explorer les poches des vestes et du grand manteau du pater. Rien. Si ce n'est une forte odeur de tabac et de lavande. Je plonge même mes mains dans ses chaussures. Rien. Je m'attaque à ses pantalons. Rien. Un bruit de porte me fait sursauter. J'enfouis pêle-mêle tout ce qui est étalé sur le carrelage dans la boîte à chaussures que je glisse au fond de l'armoire. Tapi dans la pénombre, je retiens mon souffle. Je me dis que l'ami Arsène Lupin aurait déjà sauté par la fenêtre. J'enfile mon short au moment où apparaît mon frangin le coiffeur. Je n'ai pas le temps de lui demander pourquoi il n'est pas au boulot. Il me lance, avec la perspicacité de celui qui sait de quoi il parle :

« Qu'est-ce que tu fous là, dans la pénombre avec ton air d'assassin ? Tu joues à touche-zigounette ? Fais gaffe, ça rend sourd ! »

Il ne me voit pas rougir. C'est tant mieux. Je quitte la pièce sans rien dire, plutôt déçu de n'avoir rien trouvé sur la vie du pater. Je me demande à qui appartenait ce carnet, et pourquoi tant de pages en ont été arrachées.

22

Maintenant, j'en suis sûr. Je ne suis pas son fils. Mamoune m'a fait avec quelqu'un d'autre. Primo, je ne lui ressemble pas. Secundo, il ne me regarde pas. Tertio, il ne me parle pas. Pourtant, je ne me vois pas demander à ma mère : « T'es certaine que c'est mon père, papa ? » Et je me vois encore moins lui poser la question à lui : « Dis, papa, t'es sûr que tu es mon père ? » Je n'arrive toujours pas à comprendre pourquoi je reste bloqué devant lui. S'il était mon père, je devrais le sentir par les liens du sang ou par autre chose. Je ne ressens rien du tout avec lui ; donc, ce n'est pas mon père.

L'autre soir, assis sur le muret, le dos appuyé au grillage du jardin de la proprio de la villa « Les Mimosas », j'en ai discuté avec cet emplâtre de Minardo. On venait de s'empiffrer d'abricots qu'on avait piqués derrière, dans le champ du père Sagnier. Je lui ai demandé : « À quoi tu sais, toi, que ton vieux, c'est ton père ? » Il m'a regardé avec des yeux de merlan frit et il m'a fait, en manquant de s'étouffer : « T'es con ou quoi de me demander un truc pareil ? » Il a toussé et puis, comme s'il reprenait ses esprits, jugeant peut-être que ce n'était pas si con de poser cette question, il m'a répondu : « Ça se sent naturellement, ça... C'est dans la tête, dans tes tripes que tu le sais... » J'ai craché un noyau d'abricot à plus de trois mètres devant moi et j'ai ajouté : « Et si tu ne lui ressembles pas du tout, à ton vieux ? »

Minardo a froncé les sourcils et pris un nouveau temps de réflexion. C'est normal, il n'a pas l'habitude de faire marcher sa petite tête de piaf. Mais je crois qu'il était plutôt content que je lui demande son avis. Il a reniflé un bon coup en faisant un bruit de gorge épouvantable, et, pour ne pas être en reste, il a craché un sacré mollard qui est allé s'éclater sur les boîtes aux lettres, avant de répondre :

« Ça ne veut rien dire, la ressemblance. Tu as vu la tronche qu'il a, mon père ?... On dirait Fernandel. Je ne ressemble pas à Fernandel, moi ! »

Imparable, l'argument ! Minardo, c'est plutôt le sosie de Dario Moreno.

Et puis il a ajouté, pour conclure : « C'est mon père, je le sais, parce que je suis fier de lui... » Je n'ai pas bien compris le rapport, mais je ne lui ai pas demandé plus d'explications car je savais qu'il venait de faire un gros effort. Moi, j'étais bien loin d'être fier du pater et j'ai pensé que c'était une raison de plus pour croire qu'il n'était pas mon père. Mais je me suis aussi demandé pourquoi Minardo était fier de son père. Car comme ça, à première vue, son vieux, il ne donne pas l'impression d'avoir inventé le fil à couper le beurre... Une fois de plus, j'en ai conclu que les discours du gros Minardo ne tenaient pas la route et qu'il valait mieux avec lui parler de quéquette et de foufoune. C'est à ce moment-là que Vivi nous a rejoints sur le muret. Elle tenait entre ses dents une rose magnifique. Elle nous a lancé en se dandinant : « Vous avez piqué des abricots chez le père Sagnier, moi, j'ai piqué cette belle rose puisque les garçons ne m'en offrent jamais. » Elle me l'a tendue sous le nez en me faisant remarquer : « Elle sent bon, hein ? » Je n'ai rien senti du tout. Ou plutôt si, j'ai respiré à plein nez le Nopic dont elle s'était aspergée pour se protéger des moustiques. Et c'est là que ce niais de Minardo a lancé, une fois de plus pour faire son malin : « Tu connais la nouvelle ? »

Vivi a écarquillé les yeux en mâchonnant la tige de sa rose et l'autre idiot a poursuivi, en me pointant du doigt : « Ce couillon pense que son père n'est pas son père... »

J'attendais de Vivi une réaction, une

réponse, un soutien qui m'aurait rassuré. En réalité, je ne sais pas trop ce que je veux. Je souhaiterais que le pater ne soit pas mon père, mais j'ai envie qu'il le soit aussi... Vivi s'est contentée de dire un peu sèchement : « Ça se peut bien qu'il ne soit pas son père... »

Je ne sais pas pourquoi, mais j'ai eu l'impression que le ciel me tombait sur la tête. J'ai vérifié tout de suite en levant les yeux. Je me suis aperçu qu'il faisait nuit noire et que des milliers d'étoiles clignotaient comme des points d'interrogation. Je les ai plantés là tous les deux. J'ai sauté du muret et j'ai piqué un cent mètres jusqu'à la maison avec une drôle d'envie de voir le mystérieux cruciverbiste.

23

Il pleut. Des bulles se forment avec la poussière de la cour qui a chauffé toute la journée. Elles éclatent les unes après les autres en dégageant un petit nuage de vapeur. Je m'en amuse, assis sous l'abri de la pile du lavoir. Je n'ai pourtant pas le cœur à rire. Je contiens encore assez mal mes larmes. La scène à laquelle je viens d'assister m'a donné envie de le tuer, ce père. Depuis que la frangine Hélène est repartie, il s'est mis à se saouler la gueule de plus belle. Ce soir, il est arrivé à 8 heures complètement murgé. Sa veste était déchirée et les boutons de sa chemise arrachés. Il marchait à côté de son vélo, en faisant des zigzags. On avait l'impression que sa bicyclette le ramenait à la maison comme un vieux cheval fidèle, habitué à faire le chemin. J'aurais pu presque en rire, si je n'avais pas entendu la mère Contini s'exclamer sur son passage : « Le grand chevalier est tombé de son destrier... »

Ils étaient tous là, les voisins, sur le pas de leur porte, assis à la fraîche, juste avant dîner, juste avant la pluie. Je ne savais plus dans quel trou à rat me glisser. Je l'ai aidé à monter les escaliers, le pater, en le poussant au cul. Je me demande s'il n'avait pas pissé dans son froc. Mamoune l'a accueilli sur le palier en gueulant. Elle l'a traité de sac à vin et de noms d'oiseaux. Je pensais qu'il n'avait plus de force, plus aucune résistance et qu'il suffirait de le pousser au lit. Mais, tout à coup dans la cuisine, il a fait preuve d'un dernier sursaut d'énergie. Il n'a pas supporté que la mère lui fasse la morale. Sans qu'elle ait le temps de réagir, il l'a agrippée par les cheveux en la secouant violemment. Pâle, les yeux exorbités, de la bave blanche aux commissures des lèvres, il avait l'air d'un fou. J'ai eu la trouille. Il n'y avait personne dans la maison en dehors de moi. Il en a profité, le salaud. Je ne savais plus quoi faire. J'étais comme pétrifié. Mamoune est tombée à genoux. J'avais envie de crier au secours, mais aucun son ne sortait de ma gorge. Je savais pourtant que je devais intervenir. Au moment où je m'apprêtais à lui balancer une série de coups de pied, j'ai aperçu, sur l'évier de la cuisine, le grand couteau qui sert le dimanche à couper le poulet. En une fraction de seconde je me suis vu en train de le larder de coups de lame. Aussitôt je l'ai imaginé baignant dans son sang et moi je me suis vu entre deux gendarmes, menottes aux mains.

Au moment où j'allais saisir le couteau, j'ai entendu un grand bruit de vaisselle. Mamoune, libérée de l'empoignade du pater, lui cassait des assiettes sur la tête. Il a fini par s'affaler de tout son long. J'ai eu envie d'applaudir, hésitant entre le rire et les larmes.

C'est alors que la mère Contini a surgi dans la maison, en hurlant : « Mais arrêtez, malheureuse, vous allez finir par le tuer, ce bougre... »

Elle a saisi mamoune par le bras et lui a proposé de prendre un petit remontant. C'était pas vraiment le moment... La grosse Contini a soulevé le père comme une plume pour le porter sur le lit. Il avait le visage en sang avec de longues entailles sur son crâne à moitié dégarni. La voisine a demandé à mamoune de lui donner des serviettes mouillées pour arrêter l'hémorragie. Elle a dit que ce n'était pas grave, que le père avait la tête dure, et qu'il pissait plus l'alcool que le sang. En passant devant moi, elle m'a lancé d'une voix douce : « Allez, toi, ne reste pas là, c'est pas un spectacle pour un enfant, descends dans la cour... »

Dans la cour, les voisins avaient disparu. Les cris, les bruits de vaisselle et de meubles renversés les avaient fait rentrer chez eux.

Cette pluie, qui fait sentir la terre et

remonter les odeurs de chèvrefeuille et de poussière, nettoie la cour et ma tête pleine de tristesse, ce soir. J'aimerais que Vivi soit près de moi. Elle est en vacances, chez une tante dans un bled perdu. Ce père, je le déteste.

S'il touche encore une fois à mamoune, je lui fais la peau, c'est sûr !

24

Les flammes lèchent le ciment de la pile du lavoir et ça sent le cramé, l'encre d'imprimerie. C'est décidé, ma vengeance sera terrible. Il ne le sait pas vraiment, mais je lui ai déclaré la guerre, au pater. J'ai commencé par crever les deux pneus de son vélo, de deux coups de mon Opinel. J'ai failli dévisser les papillons des roues, pour qu'il se foute en l'air, mais je me suis dit que je risquais de le tuer. C'est trop tôt. Je lui donne encore une chance. Je lui ai piqué le catalogue de mots croisés qu'il a acheté hier et je viens d'y foutre le feu ; ça lui apprendra à bastonner mamoune. Je me demande si je ne vais pas également lui envoyer une lettre anonyme. Mais je ne sais pas trop quoi écrire. Peut-être un truc dans le style : « MONSIEUR, CESSEZ DE PICOLER ET DE MARTYRISER VOTRE FAMILLE. VOUS POURRIEZ LE PAYER TRÈS CHER... SIGNÉ : QUELQU'UN QUI NE VOUS VEUT PAS DU BIEN ! »

Ça pourrait lui filer la trouille, de recevoir un mot comme ça. Je peux encore envisager de lui foutre du sel dans ses bouteilles de pastis qu'il planque à la maison. Mais c'est plutôt au bistro qu'il se pique la ruche comme un Polonais. Je ne me vois pas débarquer au café de la mère Pansanel et trafiquer ses alcools. À moins que je mette Vivi et Minardo dans le coup et qu'on fasse un commando de nuit. C'est trop risqué, cette affaire. Je sais que je peux compter sur Vivi, mais pas sur l'autre emplâtre. J'ai pas confiance en lui. Il finira par vendre la mèche et on se prendra un coup de fusil dans le cul, tiré avec du gros sel.

Il vaut mieux que j'intervienne tout seul, au jour le jour, sur des petites choses pour lui gâcher la vie, à l'autre alcoolo. Je pourrais, par exemple, lui cacher ou lui péter ses éprouvettes et ses flacons avec lesquels il fabrique son pastis. Je peux envoyer une autre lettre anonyme, mais cette fois adressée à son patron, à la pharmacie, en l'informant que son préparateur lui pique plein de trucs. Non ! ça, je ne le ferai pas... J'aurais trop l'impression de ressembler à ceux qui dénonçaient à la Gestapo, pendant la guerre, des voisins, des résistants...

Que faisait-il d'ailleurs, le pater, pendant la guerre ? Je ne l'imagine pas l'arme au poing dans la clandestinité. Je crois que lui, il a surtout passé son temps à faire des enfants. D'après mon frère aîné, il ne s'est pas vraiment préoccupé de les nourrir, de les habiller, de les chauffer, ses mômes, durant cette période. En réalité, c'était le frangin le chef de famille. C'est lui qui faisait la queue pendant des heures devant les boutiques, en essayant de trouver des tickets de rationnement. C'est lui encore qui partait en plein hiver, tirant un charreton à bras qu'il emplissait de bois, de planches dérobées, qui servaient au chauffage de la maison. Où était-il pendant ce temps-là, le vieux ? Au bistro ? Mystère.

C'est l'homme invisible, par moments, cet homme-là...

En tout cas, ce n'était pas le genre à jouer les héros. C'était un planqué, comme tant d'autres... Pourtant, le soir, sur le muret, quand on entend le père Rode parler de la dernière guerre avec d'autres voisins, on pourrait croire que toute la France avait pris le maquis. J'ai l'impression que les adultes s'arrangent bien avec ces années-là...

En fait, je suis certain, moi, que la plupart des gens n'étaient pas très dérangés par la présence des boches. Je me demande également si une bonne femme comme la mère Pansanel n'a pas « frigoté », elle aussi, avec les chleuhs... Et le pater, qui ne se gêne pas avec ses petites combines à la pharmacie, est-ce qu'il n'a pas fait du marché noir ? Il avait besoin de sa dose d'alcool, et pour l'avoir, je suis sûr qu'il aurait fait n'importe quoi.

À la fin de la guerre, il avait déjà 55 ans. C'est à ce moment-là qu'il m'a conçu. Je suis un enfant de vieux. Et il était déjà bien imbibé. C'est pour ça que je suis rachitique. Je suis un fils d'alcoolique. Si ça se trouve, j'ai déjà plein d'alcool dans mon sang. Il aurait mieux fait de ne pas me faire, le vieux ! Et ça aussi, il va me le payer cher. On n'a pas d'enfants si on n'est pas capable de s'en occuper, de les élever, de les nourrir, de les aimer. Monsieur le cruciverbiste, c'est juré, je vais te pourrir la vie...

25

« Verticalement : manque d'esprit de découverte, en onze lettres... »

Cela fait bien un quart d'heure que je mordille mon crayon, comme le pater quand il sèche... J'ai pourtant la solution sur le bout de la langue.

Je répète : « Manque d'esprit de découverte... »

Je fronce les sourcils, soupire, lève les yeux au ciel, tousse, m'étire comme un chat squelettique, écrase avec ma sandalette une malheureuse fourmi rouge, musclée comme un catcheur de fête foraine, mais qui a eu le tort de passer à proximité au moment où je commençais à avoir mes nerfs. Je me dis que je suis vraiment trop distrait. Je pointe la mine de mon crayon dans la case vide de cette grille de mots croisés qui me résiste un peu trop, en pensant que la solution n'est pas au bout de ma langue, mais à l'extrémité de ce crayon savant, emprunté à mon vieux, et qui a donc l'habitude de trouver les réponses. Je ferme mes paupières, serre les dents, pince mes joues, respire calmement, comme Zátopek au départ d'un cinq mille mètres. J'en suis sûr, le mot magique va surgir d'un instant à l'autre. Je me suis mis à la fraîche, dans la pénombre, assis sur la dernière marche des escaliers. Autour de moi, ça sent la pisse de chat et vaguement l'eau de Javel. Cela ne me dérange pas trop. J'ai l'habitude de ces odeurs. Ici, au moins, je suis tranquille. J'ai décidé, depuis hier soir, de me consacrer tous les jours, pendant une heure, à la pratique des mots croisés. Je me donne tout l'été pour parvenir à faire aussi bien sinon mieux que le pater. Si je deviens aussi fort que lui, il va être fou de jalousie. C'est encore une manière pour moi de lui pourrir subtilement la vie. Le but de l'opération consistera à lui piquer son journal et à remplir les cases avant lui.

J'imagine la scène avec délectation. Je le vois ouvrant son canard, et quand il découvre la grille, il s'aperçoit avec stupeur que quelqu'un a donné toutes les solutions. Il se demande qui a fait le coup. Quel est le mystérieux cruciverbiste qui s'est substitué à lui ? Il ne voit personne dans la famille apte à un pareil exercice. Je décide alors de me laisser surprendre et j'avoue, avec modestie, mon forfait. Il n'en revient pas. Il craque en apprenant que c'est moi son rival. Pire, je suis son maître.

Je lui propose un marché : « J'abandonne les mots croisés si tu renonces à picoler... » L'orgueil du pater l'emporte. Il ne veut personne d'autre sur son territoire. Mon vieux jure de ne plus toucher à la bouteille. J'ai désormais un père normal. Il ne fréquente plus le bistro de la mère Pansanel. Il donne son salaire à mamoune. Je ne vais plus faire les courses à crédit. On mange à notre faim. Il y a de la viande à tous les repas. Le pater rentre tôt à la maison. À la pharmacie, on loue la qualité de son travail. Il a même une augmentation. On lui propose un poste à haute responsabilité. Les voisins le saluent chapeau bas. Il me parle. Il me regarde. Il m'écoute. Il me raconte son enfance, évoque ses parents. Il m'invite au cinéma, au cirque. Il corrige mes devoirs. Il me fait réciter mes leçons. Il vient m'attendre à la sortie de l'école. Il me prend par la main. Je me laisse faire, même si je trouve que je ne suis plus un môme. Il me fabrique un cerf-volant avec du papier journal et des branches fines de roseaux. Il m'apprend à pêcher et à reconnaître les plantes médicinales. Il me parle de mon avenir. Il me dit que je devrais être pilote d'avion et se ravise. Considérant mes aptitudes aux mots croisés, il me suggère de devenir journaliste, mieux encore : écrivain...

Il me dit de lire Albert Londres, Saint-Exupéry, Joseph Kessel. Le pater est devenu un père comme les autres. Je suis devenu un enfant comme les autres...

Je rêve. Je délire. Il ne cessera jamais de picoler, le vieux... Tout ce que je peux faire pour me venger, c'est lui pourrir la vie en devenant un meilleur cruciverbiste...

Je mets mon crayon derrière l'oreille, comme font l'épicier et le pater quand il refléchit. Je cherche une attitude qui facilitera la concentration. Je saisis mon menton d'une main, en posant le coude de mon bras droit sur mon genou. Je prends un air inspiré, gonfle mes joues et expire délicatement. Je murmure une dernière fois : « Manque d'esprit de découverte... » Je sens que le mot vient. Je vais le crier, le dégobiller. Il va exploser sur la feuille de papier journal. Les lettres vont gicler comme des balles de mitraillette en pleine cible. Je vais faire mouche. Mais c'est juste à ce moment crucial que j'entends cet emplâtre de Minardo gueuler dans mon dos : « Tu te prends pour le penseur de Robin ? »

Cette andouille me fait sursauter et toute cette concentration que j'avais eu tant de mal à mettre en place s'échappe de moi à une vitesse folle, comme l'eau d'un broc renversé par mégarde. Je me lève d'un bond, le poing menaçant, et lance à l'autre bâtard : « C'est le penseur de Rodin, pauvre fada, et pas de Robin des bois ! »

Et cette andouille persiste en me répondant sans le moindre doute : « Mais si, c'est le penseur de Robin, je l'ai lu sur une réclame... »

Je me dis que lui aussi, cet âne, il ferait bien de s'y mettre, aux mots croisés. Mais je ne suis pas certain qu'il soit même capable de trouver une définition aussi simple que celle-ci : « Fait souvent hi-han, en trois lettres... »

26

Elle est revenue. Elle a vachement changé. Elle a grandi de partout, la Vivi. J'ai trouvé que je faisais encore plus minot à côté d'elle. Je ne savais pas si je devais l'embrasser sur les deux joues ou tenter la bouche et la serrer longtemps dans mes bras, comme dans les films, quand le héros roule un patin d'enfer à l'héroïne. On est restés plantés l'un en face de l'autre comme deux andouilles, au moins trois minutes. Je n'osais même pas la regarder dans les yeux. Elle m'intimidait. Mon regard ne s'est pas porté plus haut que ses seins. J'ai pu constater qu'elle avait maintenant de vrais nichons. Ses deux abricots s'étaient transformés en deux belles oranges. J'ai fini par m'apercevoir que ses joues étaient pleines de soleil et que ses cheveux étaient beaucoup plus clairs et plus courts. J'avais la bouche sèche. J'étais au bord des larmes. J'ai eu l'impression que ce n'était plus ma Vivi. Elle avait pris un coup de vieux et je me suis dit qu'un merdeux comme moi ne devait plus l'intéresser. C'est quand elle a ouvert la bouche que je l'ai vraiment retrouvée. En me soulevant le menton d'une main pour planter ses yeux dans les miens, elle m'a lancé : « Et alors, couillon de la lune, tu as perdu ta langue ? Tu m'as l'air bien empoté. » Elle m'a pris par le bras, et en deux temps trois mouvements elle m'a attiré sous la cage d'escalier. Quand j'ai senti sa bouche fraîche sur la mienne, j'ai dû ravaler mes sanglots. Dans ma tête, je criais : « Vivi, mon amour, je suis tellement heureux que tu sois là... »

Je le pensais si fort qu'elle a fini par m'entendre. En reprenant son souffle, elle m'a dit : « Tu m'as manqué, fada. Je me languissais de toi. »

Là, j'ai décidé, retrouvant mes esprits, que c'était le moment ou jamais d'aller faire connaissance avec les deux petites oranges. Elle a murmuré : « Doucement, tu me les esquiches... C'est fragile, ces choses-là. »

J'ai également eu l'impression que dans mon short, c'était plus gros et plus dur que d'habitude. Moi aussi, j'avais pris un coup de vieux.

Dix minutes plus tard, je me disputais avec la Vivi. J'ai eu le malheur de lui raconter tout ce qui s'était passé avec mon père pendant son absence et je lui ai parlé de mon intention de lui pourrir la vie, au vieux.

Elle m'a fait, en remettant en place les boutons de son chemisier et en me reprochant d'en avoir arraché un : « C'est nul, ton histoire ! » Étonné par sa réaction, je lui ai demandé : « Pourquoi c'est nul ? – C'est nul parce que c'est des conneries de gamin de lui bousiller son vélo. Tout ce que tu y gagneras, c'est une belle rouste, une raclée que tu n'oublieras pas de sitôt. »

J'ai avancé un autre argument, sûr, cette fois, de mon effet : « Alors, je vais le battre aux mots croisés et il sera humilié. »

Là encore, en haussant les épaules et en levant les yeux au ciel, elle m'a manifesté son désaccord. Elle m'a dit : « Tu rêves, ou quoi ? Si tu crois que tu vas être meilleur que lui, comme ça, du jour au lendemain, tu te fous le doigt dans l'œil jusqu'au coude... »

Elle a marqué un temps pour ajouter : « Il te manque une case, mon pauvre... »

J'ai voulu faire mon malin en lui répondant : « Les cases, ça me connaît ! »

Elle n'a pas réagi vraiment. Elle s'est baissée pour rattacher les lacets de ses sandalettes de danseuse de sardane et elle a poursuivi d'un drôle d'air : « Ça fait des années qu'il en fait, des mots croisés, ton père, et toi, tu t'imagines qu'avec toutes tes fautes d'orthographe, tu vas le battre... »

Piqué au vif, je lui ai balancé avec une pointe de méchanceté :

« Des fautes, j'en fais moins que toi.
– C'est à voir.
– C'est tout vu. »

Le ton est vite monté entre nous. Jamais nous ne nous étions parlé comme ça. J'ai pensé qu'on se disputait comme un vieux couple, comme le pater et mamoune. Elle a pointé son index sur sa tempe et m'a répété : « T'es tombé sur la caboche ou quoi pendant mon absence ? » Elle a fait mine de réfléchir un instant et, la bouche pincée, elle m'a demandé : « Tu veux que je te teste en orthographe ? »

J'ai relevé aussitôt le défi en lui répondant, un rien méprisant :

« Vas-y, ma vieille. »

Elle a froncé les sourcils et m'a lancé avec un air de supériorité :

« Comment tu écris *bayer aux corneilles* ? »

Je n'ai pas hésité un instant : « Ben, comme je bâille la bouche grande ouverte, quand je m'ennuie... B.Â.I.L.L.E. »

Elle a applaudi, sauté sur place et gueulé : « Tu as tout faux, mon petit pote. Zéro pointé ! Ça s'écrit : B.A.Y.E.R. J'en suis sûre, ton père, lui, ne se serait pas trompé... Tu peux vérifier dans le Larousse, mon petit vieux ! »

Là, j'ai eu envie de partir en courant. Cette fille qui était devant moi n'avait rien à voir avec ma Vivi. Elle avait trop changé. Elle était trop prétentieuse, trop méchante. Les vacances, la séparation l'avaient trop longtemps éloignée de moi. Quelque chose s'était cassé entre nous. Au moment où j'en étais là de mes réflexions et sur le point, donc, de me carapater, elle m'a pris par le bras, a jeté un coup d'œil autour de nous, m'a attiré contre elle et m'a embrassé fougueusement. Je n'ai pas eu le temps de demander à mon cœur de battre moins vite. Vivi est redevenue *ma* Vivi. En retrouvant sa bouche si douce, si fraîche, je me suis juré de ne plus me disputer avec elle, et surtout pas à cause du pater...

27

Je regarde travailler l'artiste capillaire dans la glace du salon de coiffure pour hommes. Ici, ça sent bon la brillantine, l'*after-shave* et la poudre de riz. Je croyais avoir grandi, mais dans ces grands fauteuils, j'ai encore droit au coussin qui me surélève. Je me demande si le frangin ne fait pas exprès de me le foutre sous le cul, ce putain de coussin.

Il a enfilé sa blouse blanche. Elle est trop grande pour lui, et comme ça, il ressemble plus à un infirmier. C'est lui qui a voulu que je passe au salon avant l'ouverture. Je lui ai fait remarquer que mes cheveux n'étaient pas très longs. Il a insisté.

Je me suis demandé s'il n'avait pas encore envie de se faire la main, d'essayer une nouvelle coupe.

Mamoune aussi a insisté : « Vas-y, ça sera fait pour tout l'été... »

À tous les coups je vais revenir avec la boule à zéro et Vivi se foutra de ma gueule. Je n'oserai plus sortir de la semaine.

Je suis parti de la maison peu après le frangin, vers les 13 h 15, en plein cagnard. Le goudron du chemin 108 fondait et collait à mes sandales.

J'ai fait deux pauses. Une sous le jujubier du père Pansanel, et une autre sous le store à rayures rouges et jaunes de l'épicier de la cité Mion, celui qui ne veut plus nous faire crédit. Avec mon Opinel, j'ai eu envie de lui foutre des coups de couteau à la toile du store, mais c'était trop haut pour moi. Je me suis contenté de rayer discrètement, d'un coup de lame, la porte d'entrée.

Cela fait bien un quart d'heure que le frangin tourne autour de moi avec sa tondeuse et tous ses outils. Le clac clac des ciseaux me berce. Je me laisse aller. Je suis sur le point de piquer un roupillon. Pourtant je dois rester vigilant, si je ne veux pas me faire massacrer par le figaro de service. Je gueule dans un sursaut : « Ça va, comme ça ! C'est assez court... File-moi un peu de Gomina et c'est bon. »

Il n'a pas envie de renoncer, le bougre. Il me répond, presque en me suppliant : « Juste un petit coup de tondeuse derrière...

– C'est bon, je te dis !

– Un petit coup...

– J'en ai marre d'être ton cobaye. »

J'arrache aussitôt le ruban adhésif qu'il m'a foutu autour du cou et qui me fait ressembler à un curé. Je me débarrasse de la blouse pleine de cheveux. Je bougonne : « T'as qu'à te servir de la tronche du pater pour te faire la main. Moi, j'en ai ras le cul... »

Je vois bien à son air déçu que le coiffeur de la famille aurait aimé continuer à me ratiboiser les tifs. Il saisit un petit balai-brosse à main, aux poils durs comme du crin, et dit : « Attends, je vais t'épousseter, sinon ça va te gratter... » Épousseté ou pas, il en reste toujours, de ces petits cheveux qui grattouillent toute la journée. Le frangin reprend, avec le même air déçu : « Au pater, je ne lui couperai jamais plus les cheveux. Il ne le mérite pas... »

Intrigué, je lui demande : « Pourquoi tu dis ça ? »

Il me répond aussitôt : « J'en ai marre du vieux. Il est odieux avec mamoune. Je ne sais pas ce qui me retient de lui casser la gueule ! »

Alors là, il m'épate, le frangin. Sur l'instant, j'ai envie de me jeter à son cou et de l'embrasser. Je suis prêt à lui pardonner de m'avoir massacré le ciboulot avec sa tondeuse. Et moi qui pensais être le seul à nourrir des sentiments hostiles contre le pater... Pour une surprise, c'est une surprise ! Les autres, les grands de la famille, sont rarement à la maison et ils ne voient pas très souvent quand le père est immonde...

Mais ma joie est de courte durée. Soudain, j'imagine très mal notre coiffeur s'opposer physiquement au père. Comme dirait Vivi : « Il ne fait pas le poids. »

En effet, il a eu des problèmes de croissance à l'adolescence, et aujourd'hui, il est assez minus. Il a beau mettre des talonnettes à ses chaussures et porter des vestes avec des épaulettes renforcées, il est frêle et j'ai même l'impression que je pourrais le faire tomber en le poussant légèrement. Je suis quand même content qu'il manifeste ainsi son opposition au vieux. Il range maintenant ses outils avec application dans une petite mallette à l'intérieur tendu de velours rouge. Il a l'air triste. Il souffle entre les dents de sa tondeuse et, enlevant sa blouse, il ajoute : « J'en ai marre aussi de la baraque. Je vais me tirer. Je vais devancer l'appel et m'engager dans les parachutistes. » Je saute d'un bond de mon siège et lui lance dans le reflet de la glace : « Ça va pas, non ? Dans les parachutistes, pour qu'ils t'expédient directos en Algérie et que les rebelles te coupent les couilles... T'es fada ou quoi ? »

Et soudain, sans le vouloir, j'éclate de rire.

« Qu'est-ce qui t'arrive ? me demande le frangin.

– Je t'imaginais sautant en parachute. Il faudrait te mettre du plomb dans les poches... Tu t'envolerais tellement que tu es léger... »

Mon coiffeur particulier me gratifie alors, en refermant violemment sa mallette, d'un généreux : « Petit con ! Tu ne comprends rien... Dégage... »

Je m'en veux aussitôt d'avoir eu cette pensée. Je dégage du salon en évitant de me regarder dans les glaces et sans oser lui dire, à mon frère, que, d'une certaine manière, je suis heureux d'être son petit frère...

28

Je me suis installé sur la table de la cuisine entre une pile de linge à repasser et un kilo d'épluchures de légumes qui traînent sur la toile cirée. Mamoune prépare la soupe. Été comme hiver, on mange de la soupe à la maison. Je me suis réfugié dans les mots croisés. Je poursuis mon entraînement quotidien, malgré ce que Vivi en pense. Mamoune a l'air très impressionnée par mon assiduité. En passant affectueusement sa main sur mon crâne rasé, elle m'a fait tout à l'heure : « Tu te fatigues à réfléchir comme ça, en plein été... »

Elle a marqué un temps, en coupant une

carotte en fines rondelles, et elle a repris, le couteau en l'air, en attente : « Tu tiens de ton père. J'espère que ça se limitera aux mots croisés... »

J'ai répondu par un pauvre sourire. En attaquant la tête hirsute d'un poireau, elle a ajouté : « Tu passes plus de temps plongé dans le journal que sur ton cahier de devoirs de vacances... »

C'est vrai que j'ai du mal à l'ouvrir, ce putain de cahier. C'est la plaie, ce truc-là. Je ne sais pas comment il a fini par aboutir à la maison. Non seulement il faut se taper des problèmes de robinets qui fuient et de fractions pendant toute l'année scolaire, mais en plus il faut remettre ça pendant les grandes vacances. Je ne sais pas quel est le fada qui a inventé ces cahiers. C'est un vrai sadique. Je recule de jour en jour pour m'y mettre. Je n'y comprends rien. Et pourtant c'est censé me parler de ce que j'ai appris dans l'année. Il faut être au moins polytechnicien pour y piger quelque chose... J'ai expliqué avec force détails à mamoune que j'avais bien avancé.

Je vais le planquer et je lui dirai que je ne le retrouve plus. Et puis, à tous les coups, à la rentrée, je vais tomber sur une tête de premier de la classe qui va me balancer : « Moi, j'avais tout fini mon cahier avant le 15 août. C'était facile... »

Je lui répondrai : « Tête à claques, moi, j'ai préféré embrasser Vivi sur la bouche avec la langue sous la cage d'escalier, me balader dans la garrigue, dans les vignes, et faire des mots croisés pour devenir un grand cruciverbiste. » Si ça se trouve, cette tête de nœud ne sait même pas ce que ça veut dire, *cruciverbiste*...

Pour l'instant, je ne m'en tire pas trop mal avec ma grille du jour. Je viens d'en finir avec cette définition : « Sert à se déplacer en toutes circonstances d'un point à un autre. En dix lettres. » Immédiatement j'ai crié, un peu trop vite : « Fastoche, c'est *automobile*. » En fait, je me suis aperçu que ça ne collait pas avec le mot vertical d'à côté. C'est *bicyclette* qu'il fallait trouver.

C'est à ce moment-là qu'on a été surpris

par l'arrivée du père. D'habitude, il ne rentre pas si tôt. Il était tout pâle. Une grosse ride, que je ne lui avais jamais vue auparavant, lui barrait le front. Une longue auréole de transpiration lui mouillait le dos de la chemise. Il donnait l'impression d'être sur le point de s'évanouir. Mamoune lui a tendu une chaise sur laquelle il s'est laissé tomber lourdement. Avant qu'elle ne lui pose la moindre question, il s'est défendu en disant : « Ne t'inquiète pas, je n'ai rien bu... Si je rentre maintenant, c'est parce que j'ai été convoqué à la gendarmerie... »

Il s'est tourné vers moi en balayant du plat de la main la pile de linge et m'a lancé : « File, toi... Faut que je parle avec ta mère ! »

Il avait vraiment l'air pitoyable. J'ai rangé mon journal et j'ai dégagé sans rien dire. J'ai descendu bruyamment quelques marches d'escalier, pour bien faire comprendre que je me cassais, et je suis remonté à pas de Sioux pour coller mon oreille contre la porte. J'ai entendu le père expliquer à mamoune : « Tu te rends compte, me faire ça, à moi... M'accuser de détourner des produits pharmaceutiques ! C'est la vieille Casanova qui m'a balancé, ça fait des années qu'elle ne peut pas me sentir. Elle est jalouse. Elle ne m'arrive pas à la cheville et elle veut ma place... J'ai nié, évidemment, et c'est moi qui ai proposé au patron d'aller chez les gendarmes. Devant ma bonne foi, il a renoncé à porter plainte... »

Tout en l'écoutant, j'ai pensé : « Il n'a pas porté plainte, parce qu'il a surtout besoin d'un bon préparateur, et que c'est une des rares qualités du pater... »

Je l'ai trouvé quand même vachement gonflé. Il avait l'air de croire à ses mensonges en parlant. Je me suis dit encore : « Quel comédien, tout de même... »

Tous les trucs qu'il ramène de la pharmacie pour faire son pastis, les biscuits vitaminés dégueulasses qui étouffent quand on les bouffe, les flacons de Mercurochrome, les bouteilles d'eau de Cologne du Mont-Saint-Michel, les tubes de cachets de Gardénal, l'eau oxygénée et les kilomètres de bandes et de gazes stockés dans des boîtes à chaussures, à qui va-t-il faire croire qu'il les a payés ? Non seulement il picole, le vieux, mais en plus, il est menteur comme un arracheur de dents. J'ai entendu mamoune lui répondre : « Que ça te serve de leçon... »

J'ai eu l'impression qu'elle lui parlait comme à un enfant qui a fait une grosse bêtise... Une fois de plus, j'ai eu honte du pater. Je n'ai pas voulu en écouter davantage.

29

J'en étais sûr, ça n'a pas raté, Vivi s'est foutue de ma tronche dès qu'elle m'a vu avec ma nouvelle coupe. Elle a commencé par me dire : « Peuchère, tes cheveux, il te les a ratiboisés les yeux fermés ou quoi, ton frangin ? » Et comme je n'ai pas vraiment réagi, elle a ajouté : « On pourrait croire que tu as attrapé des poux, ou pire, que tu as la gale... »

Vexé, rouge comme un coquelicot, j'ai répliqué : « Si je ne te plais pas, tu n'as qu'à aller voir cet emplâtre de Minardo... »

J'avais à peine sorti son nom que cet abruti surgissait sous le porche.

Il a éclaté de rire, cette andouille. Il ne pouvait plus s'arrêter. Je crois que j'aurais préféré qu'il dise quelque chose. Cela m'aurait moins agacé.

Dans ces cas-là, quand on se fout de moi, ou je pique ma colère et je cogne, ou je décampe. J'ai préféré prendre le large.

Vivi m'a rattrapé sous le porche, près des boîtes aux lettres déglinguées. J'ai regardé machinalement s'il y avait du courrier dans la nôtre. La porte toute rouillée a failli me rester dans les mains. Elle ne tient plus que par une charnière. Il n'y a pas vraiment de bricoleur à la maison pour la réparer. C'est pas le genre du père. Lui qui est toujours tiré à quatre épingles, il aurait trop peur de se salir les mains. Il n'y avait rien dans la boîte. J'espérais y trouver un mandat du frère aîné ou de ma frangine Hélène. Je me suis rappelé que les mandats, le facteur ne les dépose pas, il les porte directement à mamoune qui doit signer le récépissé. Ce jour-là, son visage s'illumine. Généralement, elle prend un air mystérieux en me chuchotant : « Tu ne dis rien à ton père, s'il apprend que j'ai reçu un mandat, il me donnera encore moins d'argent... »

J'ai tenté de remettre en place la porte de la boîte aux lettres. Vivi m'a pris par la main et en faisant sa voix d'amoureuse, elle m'a dit : « Tu sais que je t'aimerais même si tu étais bossu et borgne... »

Une fois de plus, j'étais sur le point de craquer. Mais elle a ajouté en portant deux doigts à la bouche, comme si elle avait voulu retenir ses paroles : « T'es pas si moche que ça... Je me suis déjà habituée... »

Je lui ai lâché sèchement la main et j'ai repris mes distances. J'ai foutu le camp en piquant un sprint qui aurait laissé Zátopek sur place. Elle ne risquait pas de me rattraper. Au bout de trente mètres, je me suis trouvé un peu couillon. J'ai ralenti, suffisamment pour qu'elle puisse s'apercevoir que je me dirigeais vers le petit cabanon, près de la pile du lavoir. J'avais dans l'idée de la ramener là, pour favoriser notre réconciliation. Je me suis dit :

« Après tout ce qu'elle m'a balancé, elle va chercher à se faire pardonner, c'est sûr, et elle ne pourra rien me refuser. C'est l'occasion ou jamais de faire vraiment l'amour avec elle. Cette fois, c'est juré, j'entre en elle. C'est fini les histoires de minots qui disent qu'ils vont faire zizi dans le zaza. Moi, je vais lui mettre mon machin dans sa fente. Il n'y a plus à hésiter. » Je me suis glissé dans le cabanon en laissant la porte légèrement entrouverte et j'ai commencé à faire semblant de ranger un peu ce dépotoir encombré de chaises défoncées, empilées les unes sur les autres, de cartons, d'ustensiles de cuisine rouillés, d'une vieille armoire, d'un sommier et du vélo du pater qui n'était toujours pas réparé depuis que j'avais crevé les deux pneus. Accroché à un piton, j'ai trouvé un vieux manteau pas trop poussiéreux que j'ai étendu sur le sommier, juste au moment où Vivi est apparue. Maligne, la guêpe, elle s'est exclamée, à peine entrée : « Si tu crois que j'ai pas compris ton manège... Je sais bien que tu voulais m'attirer ici. »

Elle s'est installée près de moi sur le bord du sommier et ça n'a pas traîné. Tout s'est passé comme je l'avais déjà vu au cinéma. À part que là, c'était plutôt un film en accéléré. En moins d'une minute, j'avais sa bouche contre la mienne. Je me suis aperçu que Vivi en avait autant envie que moi. Nos langues ont bataillé et sans tarder, j'ai passé une main sous sa robe et avec l'autre j'ai caressé ses seins en faisant attention de ne pas trop les esquicher. Puis je l'ai renversée sur le manteau. Elle a crié : « Aïe ! Les ressorts me font mal au cul... »

Je lui ai repris la bouche violemment. Nos dents se sont heurtées en crissant. Je lui ai tiré la culotte jusqu'aux genoux, tout en essayant de garder ses lèvres. Elle a murmuré, sans vraiment opposer de résistance : « Qu'est-ce que tu fais, fada ? »

J'ai cru qu'elle allait se relever, mais elle n'a pas bougé. Moi, en me dandinant comme un serpent, j'ai fait descendre mon slip jusqu'aux chevilles. Mon truc était dur, comme il ne l'avait jamais été. Vivi ne pouvait pas ne pas s'en rendre compte. Et j'ai réussi à le poser sur sa fente, mais à plat. J'ai bougé dans tous les sens pour le mettre à la verticale. Mais Vivi était bien fermée. D'une main, doucement, gentiment, j'ai essayé de lui écarter les cuisses. Elle a résisté légèrement puis elle s'est laissée aller. Mon cœur battait à cent à l'heure. Je crois même que je tremblais. Mais pas parce que j'avais la trouille. C'était l'émotion. On transpirait beaucoup et, au moment où j'ai eu l'impression que j'allais enfin entrer en elle, j'ai entendu du bruit près de la pile du lavoir. Des pas se rapprochaient. Nous avons eu juste le temps de nous rhabiller. La porte du cabanon s'est ouverte malgré la chaise que j'avais calée pour bloquer l'entrée. Le pater est apparu en bougonnant, à peine surpris : « Qu'est-ce que vous faites là, tous les deux ? »

J'ai répondu par le premier truc qui m'est venu à l'esprit : « On cherchait des vêtements pour se déguiser. » J'ai tendu devant moi, comme preuve irréfutable, le vieux manteau sur lequel nous nous étions allongés. Je me suis souvenu qu'on avait déjà failli se faire piquer au même endroit par la mère Contini. Ce n'était décidément pas un lieu sûr, ce cabanon.

Mon père a saisi son vélo et a dit : « Aide-moi à le sortir de là... »

J'avais presque fait l'amour avec Vivi. Cette fois, c'était lui, le pater, qui me pourrissait la vie...

30

Je n'ai écrit que des conneries dans les cases des mots croisés du *Midi libre* de dimanche. Je voulais simplement que le pater découvre que toute la grille était pleine. Aucune définition ne correspondait à l'énoncé. Il n'y avait pas plus de bonnes réponses horizontalement que verticalement. À la première demande : « Fait généralement plus avec ses jambes qu'avec sa tête », j'ai répondu sans réfléchir : « *Cheval* ».

Le vieux, quand il a vu que quelqu'un avait joué avant lui, il a pété les plombs. Il m'a regardé avec ses yeux de serpent. Il savait évidemment que c'était moi l'usurpateur. J'ai vu dans son regard à la fois de la colère et de l'étonnement. Je me suis demandé si, d'une certaine manière, il n'était pas fier de moi... Mais à toutes fins utiles, je me suis glissé lentement vers la porte de la chambre pour un repli stratégique éventuel. Il a bredouillé entre les dents : « C'est toi, hein, qui as fait ça ! » J'ai opiné du bonnet, l'air à la fois contrit et faussement modeste. Il s'est mis alors à gueuler : « Tu ne touches plus à mes mots croisés, c'est compris ? » Il a balancé le journal sur le lit, sans prendre le temps de vérifier si mes réponses dans la grille avaient un sens. Il est sorti de la pièce en marmonnant un truc que j'ai pas bien compris, dans lequel il était question d'un petit con...

J'étais bien sûr très content de l'avoir contrarié, et en plus, j'ai eu l'impression qu'il prenait conscience de mon existence. Il ne l'a pas dit vraiment, mais j'imagine qu'il a pensé dans sa tête : « Il est fortiche, le minot. C'est incroyable qu'à son âge il soit aussi doué. Je me demande si je ne vais pas plutôt l'encourager et faire équipe avec lui... Il n'y a pas de doute, il tient de moi... » Il est clair que le petit con qu'il évoquait tout à l'heure ne pouvait être moi.

J'ai repris le journal vite fait, pour faire disparaître cette pièce à conviction trop compromettante. Je me suis regardé dans la glace avec satisfaction, avec admiration même. Je me suis fait un clin d'œil amical et j'ai pris une allure de mariole, en roulant des épaules. Mais j'avais chanté victoire un peu trop vite. Le pater est revenu quelques instants plus tard dans la chambre. Ses yeux de serpent ressemblaient encore plus à des yeux de serpent. En une fraction de seconde, j'ai compris qu'il avait tout pigé. Il lui avait fallu un petit temps de réflexion. En fronçant les sourcils, il a déplié le journal sous mon nez, en ânonnant : « Fait généralement plus avec ses jambes qu'avec sa tête... » Il a secoué sa grosse tête négativement et a expulsé de sa bouche un tonitruant : « Non ! ce n'est pas *cheval*. » À la vitesse de l'éclair, il a continué de déchiffrer toute la grille, pour lâcher finalement avec un grand soupir de soulagement : « Tout est faux... C'est n'importe quoi ! »

J'ai chopé la porte du coin de l'œil, mais c'était trop tard. Le pater était déjà sur moi. Il m'a gaulé l'oreille en rageant : « Tu t'es bien foutu de moi, salopard... » J'ai senti tout mon sang se figer dans mon oreille, qui s'est mise à bourdonner. Je me suis dit que, si je ne me mettais pas à gueuler comme un putois, il allait me l'arracher. Déjà que je n'étais pas très jojo avec ma boule à zéro, alors, avec une oreille en moins, je plairais encore moins à Vivi.

Mes cris ont alerté mamoune qui a surgi de la cuisine les mains ensanglantées. Elle vidait un lapin. Elle s'est aussitôt interposée en criant au pater de me lâcher. Lui, il faisait celui qui n'entendait rien.

Elle l'a alors menacé de porter plainte et de déclarer aux gendarmes qu'il martyrisait ses enfants. L'idée d'avoir affaire une nouvelle fois aux pandores a semblé le calmer. Il a fini par lâcher prise. Moi, je ne la sentais plus, ma pauvre oreille. J'ai regardé par terre autour de moi, comme si j'allais la retrouver dans une mare de sang. Et du sang, j'en avais déjà plein le visage. C'était celui du lapin que mamoune avait sur ses mains et dont elle m'avait badigeonné en voulant me protéger de la colère paternelle. Elle a continué de traiter le père de bourreau d'enfants et de sac à vin. Il n'avait pourtant rien bu. J'ai constaté que c'était la première fois qu'il avait vraiment tenté de me corriger.

Il a expliqué, en vain, mon forfait à mamoune. Elle lui a répliqué que ce n'était qu'un jeu d'enfant... qu'il fallait bien qu'il s'amuse, ce gosse, que ce n'était pas bien méchant, et qu'elle connaissait dans la cité voisine d'autres jeunes, des blousons noirs qui agressaient tout le monde et qui cassaient tout... C'est vrai que je n'avais pas le profil d'un blouson noir. Je le regrettais bien, d'ailleurs, car j'aurais pu impressionner le pater. Il est parti en claquant la porte. On avait l'habitude de ses sorties bruyantes.

Mamoune m'a serré contre elle. Je me suis senti tout petit. Tout ému.

Même si j'ai pensé que je n'avais plus l'âge de faire des câlins avec ma mère, j'ai bien aimé me retrouver dans ses bras.

Le soir, le père est rentré complètement bourré. Moi, j'ai décidé de me remettre sérieusement aux mots croisés... Sans tricher.

31

Le mistral commençait à souffler. Je ne l'aime pas trop, ce vent. Il me fout les pétoches, surtout la nuit. Il siffle, d'un sifflement méchant entre les volets, hurle sous les portes, fait vibrer les vitres des fenêtres et la vaisselle dans le buffet. Quand il commence, on ne sait jamais quand il va s'arrêter. C'est un vent qui apporte des mauvaises nouvelles et qui rend fada. Il fait mal à la tête. Il tape sur les nerfs. Mamoune non plus ne l'aime pas. Elle soupire sans cesse : « Il m'escagasse, ce vent, il m'épuise, il me donne le tournis... »

Assis sur la dernière marche des escaliers du porche, en face des boîtes aux lettres pleines de réclames, je regardais le ballet solitaire d'une bourse de papier que le mistral faisait tournoyer, sous un léger nuage de poussière qui formait, par moments, une spirale conique, comme une mini-tornade. Près du portail d'entrée, j'ai vu que le saule pleureur, tout ébouriffé, prenait une sacrée raclée sous les assauts violents de ce mistral coléreux. C'est à ce moment-là que les deux gendarmes ont surgi, la main sur le képi pour éviter qu'il s'envole. J'ai pensé immédiatement : « C'est pour nous, la maréchaussée... Le pater a encore fait une connerie. Il s'est fait piquer à la pharmacie, en flagrant délit... » Je disais bien que ce putain de vent n'apporte que des mauvaises nouvelles... J'ai regardé les deux hommes passer devant moi sans pouvoir contrôler un léger tremblement. Ils ont fait comme s'ils ne me voyaient pas. Ils semblaient bien connaître le chemin. Sur leur passage, j'ai reniflé une forte odeur de tabac froid, de transpiration et d'anis. Ils ne devaient pas, eux non plus, cracher sur la bouteille. Et leur teint rougeaud ne faisait que confirmer ma perspicace observation. Le cruciverbiste qui somnolait en moi a tout de suite pensé à la définition suivante : « Marchent au pas, empestent l'alcool et la sueur, en neuf lettres. »

Ils ont disparu dans le couloir qui conduit au grand escalier de la maison. L'escalier sous lequel on se roule des gamelles, Vivi et moi. Je n'ai pas osé les suivre. Je n'avais pas envie d'entendre que le pater était un voleur et qu'il allait écoper de plusieurs mois de prison. En même temps, je me disais que ça ne lui ferait pas de mal et qu'ainsi il ne picolerait plus. Mais je redoutais surtout les commentaires des voisins, notamment ceux de la mère Contini et de cet emplâtre de Minardo. Je l'entendais déjà me demander dans la cour de l'école, devant tout le monde : « Alors, il n'est toujours pas sorti de prison, ton vieux ? »

Comme aux mots croisés, j'avais tout faux. En remontant quelques minutes plus tard, j'ai appris que le pater ne s'était pas fait surprendre en train de dérober des produits à la pharmacie. Les pandores étaient venus prévenir mamoune qu'il avait fait une chute sans gravité à vélo, qu'il était à l'hôpital, mais que son état n'inspirait aucune inquiétude. Mamoune s'est écriée : « Si ce n'est pas grave, pourquoi l'ont-ils conduit à l'hôpital ? »

Elle a paniqué aussitôt. Elle s'est mise à hurler. La mère Contini, alertée par les cris, a tenté de la rassurer. J'ai pas bien compris le grand émoi de mamoune, puisque les gendarmes lui avaient assuré que ce n'était pas grave. « Remettez-vous, lui disait la commère de service, puisqu'il est conscient et qu'il vous réclame... »

En la voyant dans cet état, j'ai senti que cet homme-là, qui lui faisait une vie d'enfer, elle l'aimait toujours. Je me suis demandé si un jour je comprendrais quelque chose aux adultes.

Quand je l'ai vu à l'hosto avec sa tête enveloppée dans un bandage étrange, j'ai eu un peu les jetons et j'ai eu également envie de rire.

Le pater ressemblait à une momie et ça

lui faisait un nez encore plus long au milieu de la figure. Il ressemblait aussi à Pinocchio, en très vieux.

J'ai retenu mon envie de m'esclaffer car il avait quand même le teint gris et de grands cernes sous les yeux. Il avait un air de chien battu. D'une voix monocorde, il tentait d'expliquer à mamoune que son vélo était foutu. La fourche et la roue avant étaient pliées en quatre. Il a soupiré plusieurs fois en poursuivant qu'il bénissait le ciel, car il aurait pu passer sous les roues de ce camion, et il jurait ses grands dieux qu'il n'avait rien bu de la journée. Je me suis dit dans la tête : « C'est ça, Pinocchio, on va te croire, arrête de mentir, ton pif va encore s'allonger... » Je lui ai trouvé un air pitoyable. Ma mère lui tenait la main et le regardait avec compassion. Moi, au pied du lit, agrippé au montant métallique sur lequel était accrochée une feuille de température qui ne portait pas le nom de l'accidenté, je regardais ce couple bizarre que je ne comprenais pas : mes parents, ma mère, pleine de bonté, et mon père, cet inconnu cruciverbiste...

32

Je voulais reprendre mes investigations sur le pater, fouiller une nouvelle fois dans la grande armoire, éplucher les papiers et les photos qui traînent dans la boîte à chaussures, mais ce n'est pas possible.

Pinocchio est en convalescence. Il ne quitte pas la maison.

Quand il est revenu de l'hôpital, il a fait sensation auprès des voisins, avec sa tête bandée. Évidemment, Minardo s'est esclaffé : « Putain, con, ton père on dirait la momie de Toutencamion... » Je ne sais pas s'il a fait exprès de dire Toutencamion pour Toutankhamon. Je n'ai pas eu envie de le reprendre. Je me suis contenté de hausser les épaules et de le toiser. C'est souvent que je fais dans ce registre : le mépris. Et je ne suis pas le seul dans la famille. Cela permet aux commères du quartier de baver à notre propos : « Dans cette famille, ils pètent plus haut que leur cul... Et même le petit [c'est moi], il est fier comme Artaban... » Pour Minardo, je suis fier comme d'Artagnan.

Pour oublier notre misère, je reconnais que, parfois, je me donne des airs. Je m'applique à être toujours bien propre et bien coiffé. Ma consommation de gel Pento augmente de jour en jour. Le fait aussi que les aînés vivent à l'étranger, que le père soit préparateur en pharmacie (Minardo croyait qu'il était docteur en pharmacie), qu'il s'exprime plutôt bien quand il n'est pas bourré, qu'il soit cruciverbiste et toujours bien sapé, donne l'impression qu'on est d'un autre niveau dans la famille, même si on n'a pas le sou. C'est vrai, également, que le pater ne fait guère la conversation avec le voisinage. Il se tient toujours à distance. Souvent parce qu'il est fin saoul. Mais il est naturellement pas causant. On lui reproche de dire bonjour du bout des lèvres. Vivi, elle aussi, nous critique. Elle nous trouve prétentieux. Elle me reproche parfois de parler « pointu ». Ce n'est pas ma faute si je n'ai pas l'accent aussi prononcé que le sien.

Aujourd'hui, Pinocchio traîne d'une pièce à l'autre, le journal à la main.

Il est en bataille avec ses mots croisés. Il a l'air de sécher et prétend qu'il a plus mal à la tête que d'habitude. C'est peut-être vrai. Mais c'est un tel comédien, ce père, que je ne sais jamais à quoi m'en tenir avec lui. Je me demande pendant combien de temps elle va durer, sa convalescence. J'ai l'impression qu'il n'a pas envie de retourner au boulot trop vite. En tout cas, cette chute semble l'avoir rendu d'humeur plus agréable. Il faudrait qu'il se casse plus souvent la gueule à vélo.

Avant de partir faire ses ménages, mamoune a planqué deux bouteilles de pastis dans le panier de linge sale. C'est peut-être la raison pour laquelle le pater tourne dans la maison comme un ours en cage. Je l'entends renifler comme un chien de chasse qui a perdu la trace d'un lapin qu'il pistait depuis des heures. Le nez encore plus tendu que d'habitude, le torse bombé, les épaules en avant, mon Pinocchio de père est à l'affût de quelques effluves d'alcool. Il fait semblant d'avoir l'air détaché et d'être absorbé par ses mots croisés. Il me regarde par à-coups. Il n'ose pas vraiment m'interroger. Il me semble l'entendre me demander : « Petit, tu sais où elle les a planquées les bouteilles, ta mère ? »

Et moi de répondre à voix haute : « Tu peux toujours courir, je ne te le dirai pas... »

Il se retourne et lance avec un demi-sourire forcé : « Qu'est-ce que tu dis ? »

Je fais l'étonné : « Moi ? rien. Je dis rien. »

Et puis, dans ma tête, je rajoute : « Qu'est-ce que je pourrais bien te dire, à toi qui ne me dis jamais rien ? »

Il me demande innocemment : « Elle revient à quelle heure, ta mère ? »

Je réponds un peu sèchement, en faisant semblant d'être agacé par sa question : « Je ne sais pas, moi ! »

Je le sens dans ma dépendance et ça me plaît bien. Il faut vraiment qu'il soit en manque pour me cuisiner ainsi, sur un ton presque gentil que je ne lui connais pas. Cruellement, je lui demande : « Tu as besoin de quelque chose ? Tu cherches quelque chose ? »

Il me fait soudain ses yeux de serpent. Il a compris que je sais.

Il ne répond pas et je sens aussi que la moutarde, à défaut d'alcool, lui monte au nez... Quelques instants plus tard, j'entends un bruit de bouteilles dans la cuisine. Il a vraiment du flair, Pinocchio. Je le découvre devant l'évier, se servant, dans un petit verre, une bonne rasade de pastis de sa fabrication...

33

Les vendanges, c'est toujours un signe. C'est le signe de la rentrée des classes. Et la rentrée, je ne l'aime pas, à cause de l'odeur des fournitures scolaires, des cheveux qu'il faut encore couper court, des blouses grises empesées qui grattent aux poignets et que je déteste porter ; ça fait mioche, ça fait pension. Et puis, à la rentrée, il y a toujours ceux qui font leurs marioles, qui sont contents de retourner à l'école et qui exposent avec fierté leurs cartables et leurs trousses neuves avec des stylos de ministre, des compas d'architecte. Moi, je vais encore me retrouver avec mon vieux cartable rapiécé et un plumier en bois qui date de la guerre de 14. Mamoune essaie bien de réunir trois sous pour que je n'aie pas l'air d'être le petit pauvre de service, mais le pater, lui, il se fout pas mal de savoir si son gamin, il a tout ce qu'il lui faut pour faire sa rentrée. Mais putain, je ne les ai pas vues filer, ces vacances !

Les derniers jours, je les passe toujours au milieu des vendangeurs.

Vivi et moi, on court d'une vigne à l'autre. On aimerait bien être engagés comme les saisonniers espagnols qui débarquent tous les ans à cette époque. Les contremaîtres nous trouvent trop jeunes pour être coupeurs ou videurs de seaux. Quand on insiste, ils nous passent des sécateurs et on se fait quelques pieds de vigne à toute berzingue. On arrive souvent les premiers en bout de rangée, les mains et le visage maculés de rouge, de jus de raisin. Nos sandalettes sont pleines de terre granuleuse. On transpire vite et il arrive qu'on nous invite à partager le repas des équipes, dans la cour des mas, à l'ombre de meules de foin ou dans les granges. Et ça chante, ça rit, ça raconte des histoires. Les femmes gloussent ou rougissent. Leurs poitrines débordent de leurs chemisiers. Je n'ai jamais vu autant de gros nichons qu'aux vendanges.

Certains couples, après le repas, souvent trop arrosé, s'isolent pour une courte sieste d'où ils reviennent l'air épuisés.

Pour nous remercier de notre coup de main, il arrive que le contremaître nous donne un panier de raisin et deux bouteilles de vin rouge. Je les rapporte à la maison comme des trophées. En général, cela réjouit le père. Hier soir, pourtant, les deux bouteilles, je les ai cassées presque à ses pieds en faisant semblant de ne pas l'avoir fait exprès. Il était furieux, le pater. Il a fait mine de lever la main sur moi et puis, quand il a vu le regard de mamoune, qui devait lui dire : « Si tu frappes le petit, je t'en casse une autre sur la tête », il s'est ravisé. Il a claqué la porte et il a foutu le camp au bistro, chez Pansanel. J'ai sacrifié ce pinard parce que je l'avais entendu insulter ma mère en montant les escaliers. Si j'ai bien compris, comme elle ne semblait pas vouloir lui donner de l'argent, il l'a traitée de « cougourde » et de « dindasse », ses deux insultes favorites. Je n'aime pas quand il lui manque de respect. Alors, pour faire diversion et pour le punir, au moment de poser les fameuses bouteilles sur l'évier, j'ai fait comme si j'avais glissé et tout a explosé sur le carrelage. J'ai maculé tout le bas de son pantalon de vinasse. Et ça puait à plein nez dans la cuisine. Pour une fois, l'odeur du vin l'a fait fuir...

Je le hais quand il s'en prend à mamoune. Mes envies de le tuer me reprennent alors... Un peu plus tard, sous le porche, j'ai demandé une nouvelle fois à Vivi : « Est-ce que c'est normal d'avoir autant envie de tuer son père ? »

Elle a pris un air sérieux. Parfois, elle a un côté « madame Je-sais-tout ». Il est vrai qu'elle lit plus que moi, surtout des trucs d'adultes, de femmes en particulier. Donc, elle est plus intelligente que moi.

Elle voulait savoir si j'avais déjà entendu parler d'Œdipe. J'ai réfléchi. Pour ne pas avoir l'air trop couillon, je ne lui ai pas demandé s'il habitait le quartier ou la cité Mion. Elle m'a expliqué que chez les Grecs, il y avait très longtemps, un mec avait couché avec sa mère et que pour y arriver, il avait tué son père et qu'ensuite il en avait fait un sacré complexe. Depuis, on disait que les fils qui avaient envie de tuer leur père faisaient le complexe d'Œdipe. Je n'ai quand même pas pigé grand-chose à son histoire. Je trouvais que l'Œdipe, il était un peu fada de vouloir coucher avec sa mère. Mais Vivi m'a convaincu que moi, je n'étais pas fada de vouloir buter mon père. Elle m'a confirmé que c'était normal d'en avoir envie, mais qu'il ne fallait pas le faire car cela me compliquerait trop la vie... J'étais d'accord avec elle. Il ne me restait plus qu'à souhaiter que le pater se casse la gueule à vélo une nouvelle fois. Je me suis promis qu'en allant au patronage, je mettrais un cierge à l'église Saint-François, pour aider un peu... À moins que je me décide à dévisser les papillons de la roue avant de son nouveau vélo, qu'il a acheté d'occasion.

En fait, il ne l'a pas acheté, il l'a gagné en jouant aux cartes avec un autre soiffard.

34

J'avais bien raison de redouter cette rentrée. D'abord, il y a un cagnard terrible. On a chaud comme en plein été. Les roses fleurissent de nouveau. La terre des jardins est toute craquelée. Les salades du père Sagnier noircissent sur pied. Les jujubes sont sèches, toutes ridées, minuscules, immangeables. Ce n'est pas un temps pour aller à l'école. On n'y comprend plus rien. Pour la mère Contini, « il n'y a pas de doute, si la météo est détraquée c'est à cause des Russes et de leurs Spoutnik ».

Évidemment, une chaleur pareille, ça donne soif, surtout au pater. Il n'en est plus à doubler ses doses. Il descend les bouteilles de pastis de plus en plus vite. Mais ce qui me rend triste en cette rentrée, ce qui me fout le bourdon et une grosse boule dans la gorge, c'est le déménagement subit de Vivi. Du jour au lendemain, elle m'a annoncé son départ. Elle m'a dit qu'elle allait habiter près de chez sa tante, dans un bled à une cinquantaine de kilomètres de la villa « Les Mimosas ». Autant dire que je ne la verrai plus, ma Vivi. Elle m'a expliqué : « C'est mon père qui a tout décidé et tout organisé. L'autre soir, il a fait une crise en disant à ma mère qu'il savait tout, et qu'il en avait marre d'être pris pour le cocu de service, le couillon du quartier... Ma mère a pleuré. Elle lui a demandé de lui pardonner. En fait, je crois qu'elle l'aime quand même, à sa manière. Et lui, il a répondu qu'il pardonnerait si on foutait le camp d'ici, pour commencer une nouvelle vie, ailleurs... »

Je l'ai écoutée bouche bée, la Vivi. Je ne réalisais vraiment pas que je ne la reverrais plus. Et puis, hier matin, quand j'ai vu le camion de déménagement, un monstre peint en rouge, devant le portail d'entrée, j'ai compris que c'était arrivé, que je n'avais pas rêvé. La plupart des voisins étaient sortis. Vivi et moi, on s'en foutait. On ne les voyait pas. On s'est serrés très fort, un long moment, sans pouvoir retenir nos larmes. Moi, j'ai bien essayé, en pensant aux héros des films qui ne pleurent jamais, mais je n'ai pas réussi. On s'est embrassés sur la bouche devant tout le monde sans se gêner. La mère Contini, un peu moins gourde que d'habitude, elle avait l'air franchement émue, a lâché une bordée de « Peuchère, pécaïre, pauvres enfants », suivie d'un compatissant : « Si c'est pas malheureux de les séparer, ces petits... »

Le père Rode, toujours optimiste, mâchouillant une brindille de sarment, l'œil mouillé, a dit : « Ils se reverront, va... Ils se retrouveront plus tard et on les mariera... »

Il a fallu que la mère de Vivi me l'arrache des bras, mon amoureuse, pour la faire monter dans ce putain de camion. Ils l'ont coincée entre son père et le chauffeur. Je les ai suivis jusqu'en haut du chemin 108, en envoyant des baisers de la main à Vivi. Elle a fait la même chose à travers la vitre. Dans la descente, le camion m'a vite distancé. J'ai couru encore un long moment, la gorge et la poitrine en feu. J'ai fini par m'arrêter, le souffle coupé. J'ai regardé le camion s'éloigner jusqu'à ce qu'il ne soit plus qu'un point rouge au loin. J'ai chialé un dernier coup en criant : « Vivi... » Puis j'ai essuyé mes yeux rougis en maudissant tous les adultes, qui ne pensent qu'à eux...

C'est à ce moment-là que j'ai vu le pater sortir de chez Pansanel et tenter de grimper sur son vélo. J'ai lancé, en levant le poing dans sa direction : « Toi, tu ne perds rien pour attendre, et tu vas prendre pour les autres... »

Un peu plus tard, en passant sous le porche, j'ai arraché la porte branlante de notre boîte aux lettres, pour me délivrer de ma peine, de ma colère. Puis, j'ai pissé contre la porte d'entrée de chez Minardo et j'ai fini par chier dans une des sacoches du vélo de mon vieux.

Le soir, j'ai encore pleuré dans mon lit, sans trop faire de bruit, à cause du frangin coiffeur qui pouvait m'entendre et qui n'aurait pas manqué de se foutre de ma gueule. Je me suis dit qu'il me fallait être fort comme Errol Flynn, Gary Cooper ou Clark Gable, dans mes films préférés. Mais j'avais plein d'idées dans ma tête et sur les coups de minuit, l'heure du crime, je me suis levé. J'ai traversé la chambre des parents sur la pointe des pieds, j'ai pris une lampe de poche dans le tiroir de la cuisine et je me suis engagé dans les escaliers. Sous la cage, j'ai trouvé le vélo du pater et j'ai commencé à tâtons à dévisser les papillons de la roue avant de la bécane, incommodé par l'odeur de ma propre merde qui s'échappait de la sacoche. Je suis vite remonté me coucher, satisfait de mon forfait. J'ai mal dormi. Je me suis réveillé plus tôt que d'habitude, pris de panique et de remords. J'ai regardé par la fenêtre. J'ai vu le pater qui traversait la cour, en tenant son vélo par le guidon. Je n'avais pas le temps de m'habiller et d'enfiler mes sandalettes. J'ai gueulé par la fenêtre : « Papa, papa... Attention à la roue de ton vélo ! » Il m'a fait un signe de la main, pour m'indiquer qu'il ne m'entendait pas. Il a grimpé sur sa bécane et a disparu sous le porche. J'ai pensé que, dans la descente du chemin, au premier cahot, il allait se tuer...

Je voyais déjà les titres dans *Le Midi libre* et dans *Détective* : « À 13 ans, il tue son père, après avoir élaboré un plan machiavélique. »

J'ai fini par partir en courant sur les traces du pater, que je n'ai pas retrouvé. Toute la matinée, en classe, j'ai attendu les gendarmes. Je sursautais au moindre pas dans le couloir. Les pandores ne sont pas venus.

À 11 h 30, mon coiffeur de frère m'attendait à la sortie de l'école. J'étais certain qu'il allait m'annoncer la tragique nouvelle. Il m'a regardé d'un œil amusé et a dit d'emblée : « Que tu chies dans la sacoche du vélo, passe encore, mais que tu lui sabotes son vélo, c'est criminel... »

Je me suis défendu mollement en répliquant : « C'est pas moi... » Je ne devais pas être très convaincant. Le frangin a rajouté : « Il y avait un témoin, fada... »

J'ai crié :

« Qui ?

– Moi, monsieur. Tu crois que je ne t'ai pas entendu te lever, peut-être, cette nuit ? Je t'ai suivi, mon bonhomme, et j'ai tout vu, tout senti... Quelle odeur, mes aïeux... Tu ne sentais pas la rose, mon cochon... »

J'ai baissé la tête. Penaud, j'ai dit : « J'ai regretté, j'ai essayé de le prévenir. Je ne voulais pas le tuer, même s'il le mérite... »

Le frangin m'a saisi violemment d'une main par le cou. Je ne lui supposais pas une pareille force. Il a fait, en plantant ses yeux dans les miens : « Maintenant, il va falloir acheter mon silence. »

Innocemment, j'ai demandé : « Combien ? »

Il a relâché son étreinte et a répondu : « Au moins deux coupes de cheveux tous les mois. Tu viendras au salon deux fois par mois, pour que je m'entraîne sur ta tête d'assassin. »

Le soir, quand le pater est rentré, j'ai eu envie de me jeter dans ses bras et de l'embrasser, d'autant qu'il n'avait pas bu. Mais je n'ai pas osé.

35

Lettre d'adieu à mon père, cet inconnu cruciverbiste.

Deux années viennent de s'écouler. Je porte des pantalons longs hiver comme été. J'ai renoncé à courir derrière toi. Comme disait Vivi, c'était nul de chercher à te pourrir la vie... Elle avait certainement raison. J'ai compris que tu ne changerais pas et que je ne saurais rien de ta vie, de ton passé, de ton enfance, de tes parents. Plus tard, peut-être, quand je serai plus grand, je reprendrai mes investigations, si j'en éprouve le besoin. Je sais que tu ne peux pas arrêter de picoler. C'est trop tard. Tu as trop bu. Tu as besoin de l'alcool, comme le fumeur a besoin du tabac, le drogué de sa drogue. Aujourd'hui, en t'écrivant, je me sens, plus que jamais, plus vieux que mon âge. Est-ce bien ? Ne suis-je pas en train de devenir adulte trop vite ?

À t'observer au jour le jour, à guetter chacun de tes gestes, j'ai le sentiment d'avoir appris des choses du comportement des adultes, de la vie, et j'ai aussi l'impression, confusément, qu'on m'a volé mon enfance, que *tu* m'as volé un peu de mon enfance. Aujourd'hui, je suis à la fois triste et comme libéré de toi. Je continuerai de te croiser, peut-être un peu moins comme un étranger. Cela me ferait du bien également de te considérer comme un vrai salaud, mais je n'y parviens pas vraiment. Je ne comprends pas pourquoi. J'aurai toujours des accès de colère et de haine envers toi, surtout si tu es méchant avec mamoune. Mais je te regarderai toujours avec une certaine fierté, quand je te verrai près de la fenêtre t'user les yeux sur ta grille de mots croisés.

Je dis que je n'existe pas pour toi. Je dis que tu n'as jamais fait attention à moi et que tu n'as jamais eu un geste affectueux pour moi. Je me trompe peut-être... Et peut-être aussi qu'on ne t'a pas appris à dire, à montrer tes sentiments. Je sais qu'il y a en toi quelque chose de cassé. Mais je crois que si je suis absent de ta vie, tu ne seras jamais absent de la mienne. On s'est ratés. On ne s'est pas rencontrés. À qui la faute ? Seulement à toi ? Je ne veux pas te donner d'excuses, mais il y a encore des choses de la vie que je ne sais pas, ou que je n'ai pas comprises. Plus tard...

Je ne sais pas si je vais t'envoyer cette lettre d'adieu. Es-tu capable de ressentir ce que représente un papa, un vrai, pour un enfant ? Je ne le saurai jamais. Comme je ne saurai jamais qui tu es. Me faudra-t-il vivre toute ma vie avec ce manque ? En tout cas ne t'inquiète pas, je ne crois pas que je deviendrai un grand cruciverbiste. Je ne te ferai pas d'ombre. Tu resteras le champion que j'admirais, sale mec, père indigne... Alcoolo !

Signé : Ton fils qui aurait
bien aimé que tu l'aimes.

P.S. : « En cinq lettres : indispensable pour vivre... »

Pour en savoir plus
sur les Presses de la Renaissance
(catalogue complet, auteurs, titres,
extraits de livres, revues de presse,
débats, conférences...),
vous pouvez consulter notre site Internet :

www.presses-renaissance.fr

GROUPE CPI

Achevé d'imprimer en janvier 2002 par
BUSSIÈRE CAMEDAN IMPRIMERIES
à Saint-Amand-Montrond (Cher)
N° d'impression : 015752/1.
Dépôt légal : janvier 2002. — *Imprimé en France*